- 项目经理承包的 **2种** *利润提取* 节税方略
- 劳务公司节约社保的 **5种秘诀**
- 建筑劳务分包的法律风险 *规避之道*

建筑劳务与劳务公司

财税法管控**13**个秘诀

CONSTRUCTION LABOR AND
LABOR SERVICE COMPANY TAX LAW CONTROLS 13 SECRETS

肖太寿 / 著

经济管理出版社
ECONOMY & MANAGEMENT PUBLISHING HOUSE

图书在版编目（CIP）数据

建筑劳务与劳务公司财税法管控 13 个秘诀／肖太寿著. —北京：经济管理出版社，2019.6

ISBN 978-7-5096-6619-7

Ⅰ.①建… Ⅱ.①肖… Ⅲ.①建筑工业—劳务—管理—财政法—研究—中国②建筑工业—劳务—管理—税法—研究—中国 Ⅳ.①D922.204

中国版本图书馆 CIP 数据核字（2019）第 100236 号

组稿编辑：王光艳

责任编辑：魏晨红

责任印制：黄章平

责任校对：张晓燕

出版发行：经济管理出版社

（北京市海淀区北蜂窝 8 号中雅大厦 A 座 11 层 100038）

网 址：www. E-mp. com. cn

电 话：（010）51915602

印 刷：三河市延风印装有限公司

经 销：新华书店

开 本：720mm×1000mm /16

印 张：14.75

字 数：258 千字

版 次：2019 年 6 月第 1 版 2019 年 6 月第 1 次印刷

书 号：ISBN 978-7-5096-6619-7

定 价：98.00 元

前言

　　财税法管控秘诀是指企业从财务、税务和法务三个角度对同一笔经营业务进行综合防范税收风险、财务风险和法律风险的管理控制方法。在现实业务中，针对每一笔经济业务，如果只从财务和税务角度进行管控，而不从法律的角度进行审视和防控税务风险、财务风险，是很难达到控制财税风险目标的。

　　自"营改增"税收政策和新的个人所得税法实施以来，建筑企业的建筑劳务分包、建筑劳务公司承接业务、劳务公司的班组长和建筑企业的项目经理承包工程项目的财税法管控是建筑企业和劳务公司面临的必须解决的核心课题。建筑企业和劳务公司要在经营中规避各种税收风险，提升企业税收安全，实现健康、持续的经营，一定要重视财税法管控策略。为了提高广大建筑企业和劳务公司的老板和财务负责人对企业自身税收风险的掌控能力，策划好企业的税收安全战略，笔者结合自己多年在税务实践中的职业操守经验和对国家最近颁布的新税收政策的研究，特意编写一部精神食粮：《建筑劳务与劳务公司财税法管控 13 个秘诀》。

　　本书从篇章结构来看，主要分为十三个财税法管控秘诀，具体介绍如下：

财税法管控秘诀一：建筑行业包工头内部劳务承包"经营所得"的个税处理

　　本秘诀主要分析建筑行业包工头内部劳务承包"经营所得"的个人所得税处理方法。一是包工头劳务承包"经营所得"的个人所得税由包工头自行纳税申报，支付承包所得的单位没有代扣代缴个人所得税的义务。二是包工头获得的承包经营所得，自行到工程施工所在地的税务局纳税大厅填写"经营所得"个人所得税纳税申报表 A 类表，按照当地政府的规定，选择核定应税所得率计算应纳个人所得税的应纳所得额，然后根据承包经营所得的 5 级累计税率计算个人所得税。三是重点介绍了全国各大省份的"关于承包经营所得个人所得税核定征收的税收政策"。

财税法管控秘诀二：个税新政下，劳务报酬的增值税、个人所得税处理

《中华人民共和国个人所得税法实施条例》（中华人民共和国国务院令第 707 号）第六条第（二）项规定：**劳务报酬所得，是指个人从事劳务取得的所得，包括从事设计、装潢、安装、制图、化验、测试、医疗、法律、会计、咨询、讲学、翻译、审稿、书画、雕刻、影视、录音、录像、演出、表演、广告、展览、技术服务、介绍服务、经纪服务、代办服务以及其他劳务取得的所得。** 基于此规定，劳务报酬所得一定是针对自然人或个人（注意：个体工商户不是个人）从事以上税法规定的劳务所取得的所得。本秘诀主要分析以下几个涉税问题：劳务报酬所得针对支付劳务报酬的单位而言，要不要索取劳务报酬获得者开具发票？获得劳务报酬所得的自然人如何申报个人所得税？支付劳务报酬的单位要不要扣缴劳务报酬获得者的个人所得税？如何扣缴又如何预扣缴个人所得税？

财税法管控秘诀三：建筑企业不同的用工关系与社保的协同管理

根据企业与劳动者之间用工关系的性质，企业的用工关系可以分为劳动关系和劳务关系。该两种用工关系涉及企业是否需要缴纳社保费用：如果企业与劳动者之间建立劳务关系，则企业和劳动者都不需要缴纳社会保险费用；如果企业与劳动者之间建立劳动关系，则企业与劳动者是否要缴纳社保费用？要从两方面分析：一方

面，如果企业与劳动者签订非全日制用工劳动合同，则企业与劳动者不需要缴纳社保费用；另一方面，如果企业与劳动者签订全日制用工劳动合同，则企业与劳动者必须依法缴纳社保费用，劳动者依法缴纳的社保费用由企业或用人单位代扣代缴。本秘诀主要重点分析企业的两种用工关系与社保的协同管理问题，从而给企业如何节约社保费用以及如何建立用工关系提供了重要的参考建议。

财税法管控秘诀四：建筑劳务公司节约社保费用的五种秘诀、法律依据和实操要点

本秘诀首先从现有的社保费用政策规定，分析了建筑劳务公司的社保成本：劳务公司按照农民工工资总额的28.5%缴纳社保，农民工的社保成本为其本人工资总额的10%，总共是38.5%。这一比例对劳务公司而言是很高的成本，因此，劳务公司必须进行筹划节约社保成本。本秘诀重点提出建筑劳务公司节约社保费用的五种秘诀：

秘诀一：劳务公司与以小时计酬为主的农民工签订非全日制用工合同，劳务公司和农民工不缴纳社保费用，但劳务公司必须缴纳工伤保险。

秘诀二：对于没有实施农民工工资专用账户管理的建筑项目，劳务公司和长期与劳务公司合作的农民工本人签订劳务专业作业分包协议，将劳务报酬控制在月收入20000元以内，按小额零星业务支出的税收政策规定处理，农民工不需要到税务局代开发票给劳务公司作为成本核算依据。

秘诀三：劳务公司让长期与其合作且工作时间超过一年以上的农民工单独注册一个无雇工的个体工商户，无雇工个体工商户到注册所在地的税务部门购买税控机和税控盘，每月给劳务公司开具10万元以下的普通增值税发票。

秘诀四：劳务公司与班组长签订劳务承包、劳务分包合同，班组长去税务局代开建筑劳务发票给劳务公司入账。

秘诀五：劳务公司与在户口所在地的社保所已经缴纳了农村社保（农村医疗保险和农村养老保险）的农民工签订全日制的劳动合同。

财税法管控秘诀五：建筑劳务公司承接业务的法务、财务、税务和社保处理

本秘诀主要重点介绍建筑劳务公司的转型发展方向；建筑劳务公司承接业务的四种合法性业务和劳务公司承接四种合法性业务下的个税、社保和财务处理技巧；建筑劳务公司承接业务的违法性规避策略。

财税法管控秘诀六：劳务派遣公司节约社保费用的秘诀

本秘诀主要分析劳务派遣公司的社保费用缴纳义务人；跨地区劳务派遣业务的社保缴纳地点、缴纳标准；劳务派遣业务社保而缴纳的基数确定；劳务派遣业务社保问题的处理以及社保费用的节约之策。

财税法管控秘诀七：建筑企业劳务分包业务中的法务、税务和社保处理

本秘诀主要分析：劳务分包（专业作业承包）的合法性界定；施工总承包方和专业承包方或专业分包方直接将劳务作业部分分包给劳务公司（专业作业承包单位）的涉税风险管理；施工总承包方和专业承包方或专业分包方与班组负责人（包工头）签订"内部劳务承包协议"的增值税、个人所得税和社保费用的处理；施工总承包方和专业承包方或专业分包方与没有注册成立个体工商户的班组负责人（包工头）签订对外劳务承包协议或专业作业承包协议（实质上是劳务分包协议）的增值税、个人所得税和社保费用的处理。

财税法管控秘诀八：建筑企业规避财税风险的三种农民工工资支付管理方法

在农民工工资专用账户管理和农民工实名登记管理的双重管理制度下，建筑企业如何支付农民工工资，直接涉及建筑企业的财税安全问题。本秘诀主要分析以下三种规避财税风险的支付农民工工资的方法：

支付方法一：在没有实施农民工工资专用账户管理的情况下，建筑企业通过设立的农民工工资卡支付。

支付方法二：没有实施农民工工资专用账户管理的情况下，由项目经理或承包者本人现金支付。

支付方法三：在实施农民工工资专用账户和农民工实名制登记双管理制度下，通过建筑企业总承包在工地上设立的农民工工资专用账户代付农民工工资劳务款。

财税法管控秘诀九：建筑劳务公司经营业务中常见的法律、税收风险及其管控

1. 法律风险

本章主要分析建筑劳务公司经营业务中存在的以下法律风险：

法律风险一：建筑承包单位与劳务公司签订违法分包而不是劳务分包的行为。

法律风险二：建筑承包单位与劳务公司签订建筑分包合同，承包单位只向劳务公司收取一定管理费用的违法转包行为。

法律风险三：建筑企业与劳务公司签订劳务派遣协议的法律风险：采用劳务派遣多处受限。

2. 法律风险防范策略

在以上法律风险分析的基础上，提出以下法律风险防范策略：

策略一：建筑劳务公司与施工总承包单位、专业承包单位和专业分包单位签订纯劳务作业的分包合同。

策略二：如果劳务公司转型为专业作业的劳务公司，则专业作业劳务公司与班组长或自然人包工头签订内部承包协议，同时符合以下三个条件的劳务承包行为是合法的：第一，班组长或自然人包工头以专业作业劳务公司的名义对外经营；第二，以专业作业的劳务公司对外承担民事法律责任；第三，班组长或自然人包工头只向专业作业的劳务公司上交一定的管理费用，扣除成本和税费后的经营所得归班组长或自然人包工头所有。或者班组长和自然人包工头负责生产经营全过程活动，获得固定的劳动报酬和绩效考核奖，承

包经营成果归专业作业的劳务公司所有。

策略三：劳务公司（实质上是具有不同专业作业资质的劳务总承包企业）与施工总承包单位、专业承包单位和专业分包单位签订含有部分辅料和纯劳务部分的劳务分包合同。

策略四：如果劳务公司转型为具有不同专业作业资质的劳务总承包企业，则劳务公司与不同专业作业的个体工商户或小微企业签订专业的作业分包合同。

策略五：建筑企业与劳务公司必须签订劳务分包合同，而不应签订劳务派遣协议。

3. 税收风险

同时，本章还分析建筑劳务公司经营业务中存在的以下税收风险：

税收风险一：劳务公司虚列民工工资增加成本套取利润，从而少缴纳企业所得税。

税收风险二：虚列民工人数造民工工资表的行为，如果有人向税务机关举报，将面临被税务机关罚款的风险。

税收风险三：建筑企业项目部挂靠劳务公司开具发票，从而构成虚开增值税发票的风险。

税收风险四：个人所得税的风险和社保费用的风险。核定征收项目部作业人员个人所得税的税收风险：劳务公司多缴纳个人所得税；没有核定征收项目部作业人员个人所得税的税收风险：劳务公司少缴纳个人所得税；社保风险：劳务公司没有给签订全日制劳动合同的农民工购买社保。

4. 税收风险防范策略

在基于以上税收风险分析的基础上，提出以下税收风险防范策略：

策略一：在实施建筑工人实名制管理的项目部的农民工，必须按照真实出勤的农民工人数，造工资表，计算人工成本，绝对不允许虚列农民工人数，虚造工资表套取利润和增加人工成本。

策略二：对于各省对施工企业项目部的作业人员按照工程造价

或经营收入的一定比例核定征收个人所得税后，建筑企业或劳务公司对民工工资成本直接按照实际支付给民工本人的月工资金额造工资支付清单表，作为成本核算凭证。

策略三：劳务公司的班组长或包工头与劳务公司签订内部承包协议，约定：班组长或包工头以劳务公司的名义对外经营，所有的民事责任由劳务公司承担，班组长或包工头向劳务公司上交一定的利润或管理费，扣除所有的成本、费用和税金后的承包经营成果归班组长或包工头所有，班组长或包工头获得的承包经营所得，按照"承包经营所得"税目，在工程施工所在地自行申报缴纳个人所得税后，劳务公司直接通过公对私的形式，将"承包经营所得"从劳务公司账上划入班组长或包工头本人的银行卡，班组长或包工头从劳务公司获得的"承包经营所得"不需要到税务机关代开发票给劳务公司做账。

策略四：劳务公司与在户口所在地的社保所已经缴纳了农村社保（农村医疗保险和农村养老保险）的农民工签订全日制的劳动合同。

策略五：劳务公司与班组长签订劳务承包、劳务分包合同，班组长或包工头自行到施工项目所在地的税务局代开建筑劳务发票给劳务公司入账。

财税法管控秘诀十：建筑企业项目经理承包（负责）制的财税法管控

许多建筑企业为了激励项目经理的工资积极性，往往实施项目经理内部承包制或项目经理负责制的两种经营管理模式。现有建筑企业实施的项目经理承包（负责）制存在"法律风险、财务风险和税务风险"（以下简称"三大风险"），如果不从制度设计上、管理上进行规划或企业的顶层设计上进行谋划，将产生不堪设想的后果。本章通过对全国建筑企业的实地调研和咨询，总结为以下三大方面的内容：一是现有建筑企业内部承包经营两种模式及其存在"三大风险"的管理制度特征；二是建筑企业项目经理内部承包（负责）制的财税安全策略；三是建筑企业项目经理内部承包（负责）制中项目经理提取利润的两种合法渠道及其个税的处理。

财税法管控秘诀十一：劳务派遣业务的法务、财务、税务处理

劳务派遣业务涉及相关的法务处理、财务处理、税务处理和社保问题的处理。本章主要介绍在新的个税和社保政策下，劳务派遣公司（劳务公司也有劳务派遣业务）与用工单位发生的劳务派遣业务，合法规避法律风险的措施，规避社保费用负担的合同签订技巧。

财税法管控秘诀十二：农民工工资专用账户管理的法务、财务和税务处理

农民工工资专用账户管理，是指在房屋建筑和市政基础设施工程建设过程中，实行人工费（工资款）与其他工程款分账管理，施工总承包企业（包括直接承包建设单位发包工程的专业承包企业）设立农民工工资专用账户（以下简称"工资专用账户"），并为农民工办理实名制工资支付银行卡（以下简称"工资卡"），建设单位（包括项目业主、项目代建管理单位）按照合同约定将应付工程款中的人工费（工资款）拨付至农民工工资专用账户，施工总承包企业委托工资专用账户开户银行（以下简称"开户银行"）直接将农民工工资发放至农民工工资卡的一系列监督管理活动。在这种农民工工资专用账户管理中，涉及如何签订建筑合同、财务核算和税务处理等一系列问题。本章重点分析在农民工工资专用账户管理下的合同签订策略、发票开具策略和相关的账务处理。

财税法管控秘诀十三：自然人挂靠建筑企业承接建筑劳务从被挂靠方取出利润的两种渠道及个税处理

本章主要分析包工头或自然人（挂靠方）挂靠建筑企业承接业务后，将其赚取的利润从被挂靠方的建筑企业账上提取出来的两种

合同策略：一是自然人挂靠方直接与被挂靠方签订劳动合同，将自然人挂靠方聘为项目经理；二是自然人挂靠方与被挂靠方签订承包经营合同，合同约定承包人以被挂靠方的名义对外经营，除了上交一定的税后利润，经营所得归自然人承包人所有。

本书具有以下特点：

第一，内容具有新颖性和创新性。本书是基于国家颁布的最新税收政策而编写的税务实践书。笔者重点分析建筑劳务和劳务公司财税法管控的十三种秘诀，具有很强的新颖性和时代的创新性。

第二，实用性和可操作性强。本书收集了较多的实例，大部分是来自笔者在全国财税培训实践中所积累的实例，特别是建筑和房地产行业中的众多实例是笔者长期在税务咨询实践中收集的真实案例，使读者阅读后，就知道怎样在税收实务中处理各类涉税风险，具有实际的操作性和可行性。

希望本书能够作为各地税务干部、财务总监、财务部经理、企业家或老板的培训教材，也可以作为广大教师、科研人员、税务官员、注册税务师、注册会计师和税务律师的参考用书。

由于时间仓促，书中错误之处在所难免，敬请读者谅解！

2019 年 6 月于肖太寿财税工作室

获得更多精彩内容，请扫描并关注肖太寿财税工作室公众微信号：xtstax 和中联博睿财税咨询有限公司公众微信号：gh＿314258bbadbe。

12

财税法管控秘诀十二：

农民工工资专用账户管理的法务、财务和税务处理

13

财税法管控秘诀十三：

**自然人挂靠建筑企业承接建筑劳务从被挂靠方取出利润的
两种渠道及个税处理**

1

建筑行业包工头内部劳务承包
"经营所得"的个税处理

根据《中华人民共和国个人所得税法实施条例》（中华人民共和国国务院令第 707 号）第六条第（五）项和《国家税务总局关于个人所得税自行纳税申报有关问题的公告》（国家税务总局公告 2018 年第 62 号）第二条的规定，个体工商户业主、个人独资企业投资者、合伙企业个人合伙人、承包承租经营者个人以及其他从事生产、经营活动的个人取得的"经营所得"是指以下五项所得：①个体工商户从事生产、经营活动取得的所得；②个人独资企业投资人、合伙企业的个人合伙人来源于境内注册的个人独资企业、合伙企业的生产、经营所得；③个人依法从事办学、医疗、咨询以及其他有偿服务活动取得的所得；④个人对企业、事业单位承包经营、承租经营以及转包、转租取得的所得；⑤个人从事其他生产、经营活动取得的所得。

对于以上个人、个体工商户和个人合伙人取得的"经营所得"，如何进行个税处理？特别是对于建筑行业中存在的农民工、包工头或班组长取得的劳务报酬，是按照"工资薪金所得""劳务报酬所得"计税个税，还是按照"经营所得"计算个税？肖太寿财税工作室（公众微信号：xtstax）详细分析如下：

 # 一 "经营所得"的个税实施自行纳税申报 而不是代扣代缴的制度

2018 年 8 月 31 日通过的《中华人民共和国个人所得税法》（中华人民共和国主席令第 9 号）第九条：个人所得税以所得人为纳税人，以支付所得的单位或者个人为扣缴义务人。《个人所得税扣缴申报管理办法（试行）》（国家税务总局公告 2018 年第 61 号）第四条：实行个人所得税全员全额扣缴申报的应税所得包括：（一）工资、薪金所得；（二）劳务报酬所得；（三）稿酬所得；（四）特许权使用费所得；（五）利息、股息、红利所得；（六）财产租赁所得；（七）财产转让所得；（八）偶然所得。

基于以上税法规定，个体工商户业主、个人独资企业投资者、合伙企业个人合伙人、承包承租经营者个人以及其他从事生产、经营活动的个人取得经营所得，不属于"个税代扣代缴"的范围，必须由取得"经营所得"的个人自行进行纳税申报。

二 "经营所得"的个税自行纳税申报方法

"经营所得"的个税自行纳税申报方法：按年计算个税，按月或季预缴个税，次年3月31日前汇算清缴。

（一）实施查账征收个税的"经营所得"适用的个税税率

根据《中华人民共和国个人所得税法》（中华人民共和国主席令第9号）第二条、第三条和第六条的规定，**实施查账征收的自然人、个体工商户、个人合伙人取得的"经营所得"，以每一纳税年度的收入总额减除成本、费用以及损失后的余额，为应纳税所得额，应当适用百分之五至百分之三十五的超额累进税率**（见表1-1）缴纳个人所得税。在按月或按季预缴税时，适用的个人所得税税率表如表1-2所示。

表1-1 个人所得税税率表一（经营所得适用）

级数	全年应纳税所得额	税率（%）
1	不超过 30000 元的	5
2	超过 30000 元至 90000 元的部分	10
3	超过 90000 元至 300000 元的部分	20
4	超过 300000 元至 500000 元的部分	30
5	超过 500000 元的部分	35

注：本表所称全年应纳税所得额是指依照《中华人民共和国个人所得税法》（中华人民共和国主席令第9号）第六条的规定，以每一纳税年度的收入总额减除成本、费用以及损失后的余额。

表1-2 个人所得税税率表二（经营所得）

级数	全年应纳税所得额	税率（%）	速算扣除数
1	不超过 30000 元的	5	0
2	超过 30000 元至 90000 元的部分	10	1500
3	超过 90000 元至 300000 元的部分	20	10500

续表

级数	全年应纳税所得额	税率（%）	速算扣除数
4	超过 300000 元至 500000 元的部分	30	40500
5	超过 500000 元的部分	35	65500

注：本表所称全年应纳税所得额是指依照《中华人民共和国个人所得税法》（中华人民共和国主席令第9号）第六条的规定，以每一纳税年度的收入总额减除成本、费用以及损失后的余额。

（二）核定征收个税的"经营所得"适用的税率

《中华人民共和国个人所得税法实施条例》（中华人民共和国国务院令第707号）第十五条第三款规定："**从事生产、经营活动，未提供完整、准确的纳税资料，不能正确计算应纳税所得额的，由主管税务机关核定应纳税所得额或者应纳税额。**"基于此税法规定，为了助力民营经济的发展，减少税务征管成本，全国各省税务机关，根据各省的实际情况，都会制定本省的"经营所得核定征收个人所得税"的税收政策。具体如下：

1. 广西壮族自治区

广西壮族自治区的"经营所得核定征收个人所得税"政策：《国家税务总局广西壮族自治区税务局关于经营所得核定征收个人所得税有关事项的公告》（国家税务总局广西壮族自治区税务局公告 2018 年第 23 号）。

（1）广西壮族自治区辖区内取得经营所得并实行定期定额征收方式管理的纳税人，适用表 1-3 的附征率表一。

表 1-3　附征率表一

经营额（不含增值税）	附征率（%）
按月 30000 元（含）以下，或按季 90000 元（含）以下	0
按月 30000 元（不含）至 50000 元（含），或按季 90000 元（不含）至 150000 元（含）	0.5
按月 50000 元（不含）至 100000 元（含），或按季 150000 元（不含）至 300000 元（含）	0.8
按月 100000 元（不含）至 200000 元（含），或按季 300000 元（不含）至 600000 元（含）	1.1
按月 200000 元（不含）以上，或按季 600000（不含）元以上	1.5

应纳税额计算公式：应纳税额=经营额（不含增值税)×附征率

（2）在广西壮族自治区辖区内取得经营所得的自然人，适用表 1-4 附征率表二。

表 1-4 附征率表二

代开发票金额（不含增值税）	附征率（%）
500 元（不含）以下	0
500 元（含）以上	1.3

应纳税额计算公式：代开发票金额（不含增值税）×附征率

肖太寿财税工作室（公众微信号：xtstax）特别提醒

第一，在广西壮族自治区辖区内，对于零星小额业务的自然人或个人，发生的销售业务，每次 500 元以下（增值税起征点以下）的经营所得，不需要到当地税务主管部门代开发票给款项支付单位，也不缴个人所得税。

第二，在广西壮族自治区辖区内，根据国家税务总局关于发布《企业所得税税前扣除凭证管理办法》的公告（国家税务总局 2018 年公告第 28号）第九条第二款的规定，**对于零星小额业务的自然人或个人，发生的劳务报酬，每次 500 元以下（增值税起征点以下）的劳务报酬所得**，不需要到当地税务主管部门代开发票给款项支付单位，直接以个人签字的收款凭证及内部凭证（或小额零星业务支出收款收据）作为款项支付单位的企业所得税税前扣除凭证。同时，根据《个人所得税扣缴申报管理办法（试行）》（国家税务总局公告 2018 年第 61 号）第八条的规定，**劳务报酬所得每次收入不超过 4000 元的，费用按 800 元计算**，所以对于零星小额业务的自然人或个人，发生的劳务报酬，每次 500 元以下也不缴个人所得税。

第三，根据《国家税务总局广西壮族自治区税务局关于自然人申请代开发票个人所得税有关问题的公告》（国家税务总局广西壮族自治区税务局公告 2019 年第 4 号），**自然人申请代开发票应税所得项目属于劳务报酬所得、稿酬所得和特许权使用费所得的，其个人所得税由扣缴义务人依照《个人所得税扣缴申报管理办法（试行）》（国家税务总局公告 2018 年第 61号公布）规定预扣预缴（或代扣代缴）和办理全员全额扣缴申报。**

代开发票单位在开具发票时，应在发票备注栏内统一注明"个人所得税由支付方依法预扣预缴（或代扣代缴）"。

扣缴义务人应扣未扣税款的，依照《中华人民共和国税收征收管理法》的规定处理。个人取得应税所得，扣缴义务人未扣缴税款的，由纳税人依照《国家税务总局关于个人所得税自行纳税申报有关问题的公告》（国家税务总局公告 2018 年第 62 号）规定办理纳税申报。

（3）在广西壮族自治区辖区内取得经营所得并实行个人所得税核定应税所得率征收管理的纳税人，适用表1-5中的应税所得率。

表1-5　应税所得率表

行业	应税所得率（%）
工业、交通运输业、商业	5
建筑业	7
房地产开发业	8
饮食服务业	7
娱乐业	20
其他行业	10

2. 内蒙古自治区

内蒙古自治区"经营所得核定征收个人所得税"政策：《国家税务总局内蒙古自治区税务局关于核定征收个人所得税有关问题的公告》（国家税务总局内蒙古自治区税务局公告2018年第19号）。

（1）凡实行核定征收管理的个体工商户，其经营所得采用表1-6个人所得税核定征收率表。

表1-6　个人所得税核定征收率表

序号	行业	征收率（%）
1	工业、商业、交通运输业	1.0
2	建筑安装、房地产开发	1.2
3	饮食服务业	1.3
4	娱乐业	2.0
5	其他行业	1.3

应纳税额计算公式：应纳税额＝收入总额×征收率

前款所称的收入总额是核定的个体工商户经营收入总额，收入总额不超过90000元/季（30000元/月）的，征收率为0；超过90000元/季（30000元/月）的，全额征收个人所得税。

（2）凡实行核定征收管理的个人独资企业和合伙企业自然人投资者、企事业单位承包承租经营者，其经营所得采用表1-7"个人所得税核定应税所得率表"中的核定应税所得率的方式征收个人所得税。

表 1-7　个人所得税核定应税所得率表

序号	行业	应税所得率（%）
1	工业、商业、交通运输业	8
2	建筑安装、房地产开发	9
3	饮食服务业	10
4	娱乐业	20
5	其他行业	10

应纳税额计算公式为：

应纳税额＝应纳税所得额×适用税率

应纳税所得额＝收入总额×应税所得率

或应纳税所得额＝成本费用支出额÷（1-应税所得率）×应税所得率

（3）凡临时取得生产、经营所得的个人，其经营所得采用核定征收率的方式征收个人所得税，征收率为 1.3%。应纳税额计算公式为：

应纳税额＝应税收入×征收率

前款所称的应税收入是临时取得生产、经营所得的个人申请按次开具发票的金额。

（4）纳税人经营两个或两个以上行业的，按其主营业务所属行业确定适用征收率或应税所得率。

3. 吉林省

吉林省"经营所得核定征收个人所得税"政策：《国家税务总局吉林省税务局关于经营所得项目个人所得税核定征收有关问题的公告》（国家税务总局吉林省税务局公告 2019 年第 1 号）。

（1）实行定期定额方式征收个人所得税，其经营所得采用以下"个人所得税核定征收率表"中的征收率标准征收个人所得税。

应纳税额的计算公式为：

应纳税额＝核定收入总额×核定征收率

表 1-8　个人所得税核定征收率表

序号	月生产经营收入	个人所得税征收率（%）
1	5 万元以下的（含）	0
2	5 万元至 10 万元之间（含）	0.5
3	10 万元以上	1.2

注：实行按季申报的业户，定额标准换算为季标准。

（2）实行核定应税所得率征收个人所得税，其经营所得采用表1-9"个人所得税核定应税所得率表"中的应税所得率标准征收个人所得税。

表1-9　个人所得税核定应税所得率表

行业	应税所得率（%）
工业、交通运输业、商业	5
建筑业	7
饮食服务业	7
娱乐业	20
其他行业	10

实行核定应税所得率方式征收个人所得税，应纳税额的计算公式为：

应纳税所得额＝收入总额×应税所得率，或者应纳税所得额＝成本费用支出额／（1-应税所得率）×应税所得率

应纳税额＝应纳税所得额×税率-速算扣除数

其中，涉及合伙企业的，应当再按照分配比例，确定各自然人投资者应纳税所得额。

从事两个或两个以上行业经营项目的，应当根据其主营业务确定适用的应税所得率（以实际收入额占总收入额最大比例为标准）。

（3）自然人临时取得经营所得核定征收个人所得税。对依法不需要或尚未办理税务登记的自然人纳税人（有扣缴义务人的除外），在从事生产、经营活动取得经营所得代开增值税发票时，按照纳税人开票金额（不含税）的1.5%征收率征收个人所得税。

4. 海南省

海南省"经营所得核定征收个人所得税"政策：《国家税务总局海南省税务局关于经营所得核定征收个人所得税有关问题的公告》（国家税务总局海南省税务局公告2018年第15号）。

（1）不符合查账征收条件的个体工商户业主、未办理个体工商户注册登记但取得生产、经营所得的自然人，其经营所得采用定额方式征收个人所得税，其经营所得采用表1-10中的附征率表标准征收个人所得税。

应纳经营所得的个人所得税额＝应税收入×附征率，其中应税收入是核定的收入总额或纳税人申请开具发票（不含增值税）的金额。

表 1-10　附征率表

序号	类别		附征率（%）
1	交通运输业	（1）货物运输业（包括客、货运混合经营）	1.0
		（2）其他	0.7
2	采矿业、制造业		0.5
3	批发和零售业		0.5
4	建筑业		1.0
5	住宿业		1.0
6	餐饮业		0.7
7	娱乐业		1.7
8	中介服务机构		1.4
9	其他		1.0

（2）凡不符合查账征收条件的个体工商户业主，核定的应税收入不高于90000元/季的，附征率为0；核定的应税收入高于90000元/季的，全额征收个人所得税。即在海南省行政范围内，不符合查账征收条件的个体工商户业主每季的应税收入不高于90000元（含90000元），不征个人所得税。

（3）凡不符合查账征收条件的个人独资企业和合伙企业自然人投资者、企事业单位承包承租经营者，其经营所得采用核定应税所得率方式征收个人所得税。其经营所得采用表 1-11 中的应税所得率标准征收个人所得税。

应纳税额计算公式为：

应纳税所得额=应税收入×应税所得率，或者应纳税所得额=成本费用支出额/（1-应税所得率)×应税所得率

应纳税额=应纳税所得额×经营所得 5 级累进税率

上款所称的应税收入是每一纳税年度的收入总额，成本费用支出额是每一纳税年度的成本费用支出总额。

表 1-11　应税所得率表

序号	类别	应税所得率（%）
1	交通运输业	10
2	采矿业、制造业	10
3	批发和零售业	10
4	建筑业	10

续表

序号	类别	应税所得率（%）
5	房地产业	18
6	住宿业	10
7	餐饮业	7
8	娱乐业	30
9	法律服务业	10
10	其他行业	15

纳税人经营多业的，无论其经营项目是否单独核算，按其主营业务所属行业（以实际营业额占总营业额最大比例为标准）确定适用的附征率或应税所得率。

5. 江西省

江西省"经营所得核定征收个人所得税"政策：《国家税务总局江西省税务局关于经营所得核定征收个人所得税等有关问题的公告》（国家税务总局江西省税务局公告2019年第4号）。

（1）对实行定期定额征收管理的个体工商户，其取得的经营所得按照下列公式计算征收个人所得税：

应纳税额=月（季）核定经营额或所得额（不含增值税）×附征率

附征率按表1-12"经营所得个人所得税附征率表"执行。

表1-12 经营所得个人所得税附征率表

序号	月核定经营额或所得额（不含增值税）	个人所得税附征率（%）
1	3万元（含）以下	0
2	3万元以上10万元（含）以下	0.25
3	10万元以上	工业、交通运输业、商业、修理修配业：0.3
		建筑安装业：0.5
		娱乐业：1.7
		住宿、饮食等居民服务业：0.4
		其他行业：0.8

注：①月核定经营额或所得额（不含增值税）超过3万元的，全额按所属档次适用的附征率计算征收个人所得税。②季核定经营额或所得额（不含增值税）=月核定经营额或所得额（不含增值税）×3。

（2）对不符合查账征收条件的个人独资企业投资人、合伙企业个人合伙人和对企业、事业单位承包经营、承租经营或转包、转租的个人，以及不符合查账征收条件且未实行定期定额征收管理的个体工商户，其取得的经营所得按照下列公式计算征收个人所得税：

应纳税额=应纳税所得额×适用税率

应纳税所得额=收入总额（不含增值税）×应税所得率

或应纳税所得额=成本费用支出额÷（1−应税所得率）×应税所得率

应税所得率按"经营所得个人所得税核定应税所得率表"见表1−13。

表1−13　经营所得个人所得税核定应税所得率表

行业	应税所得率（%）
工业、交通运输业、商业、修理、修配业	5
娱乐业	20
住宿、饮食等居民服务业	7
其他行业	10

（3）对未办理税务登记的自然人纳税人，临时从事生产、经营活动取得经营所得（有扣缴义务人的除外）代开增值税发票时，按照开具发票金额（不含增值税）1.3%预征个人所得税。

（4）对自然人纳税人取得劳务报酬所得、稿酬所得和特许权使用费所得需要代开发票的，在代开发票环节不预征个人所得税。其个人所得税由扣缴义务人依照《个人所得税扣缴申报管理办法（试行）》（国家税务总局公告2018年第61号发布）规定预扣预缴（代扣代缴）和办理全员全额扣缴申报。代开发票单位在开具发票时，应当在发票备注栏内统一注明"个人所得税由支付方依法预扣预缴（或代扣代缴）。"

6. 黑龙江省

黑龙江省"经营所得核定征收个人所得税"政策：《国家税务总局黑龙江省税务局关于经营所得核定征收个人所得税等有关问题的公告》（国家税务总局黑龙江省税务局公告2019年第3号）。

（1）采用定期定额征收方式。凡不符合查账征收条件，又不能准确核算收入和成本费用的纳税人，其取得的经营所得采用核定收入和核定附征率方式征收个人所得税。

采用定期定额征收方式的，其应纳税额的计算公式如下：

应纳税额=核定收入总额（不含增值税)×核定附征率

核定附征率标准按表1-14执行。对收入额超过第一档的，执行第二档附征率。

表1-14　个人所得税核定附征率表

行业	月度收入额 （不含增值税）	季度收入额 （不含增值税）	附征率（%）
制造业	30000元（含）以下	90000元（含）以下	0
	30000元以上	90000元以上	0.3
采矿业	30000元（含）以下	90000元（含）以下	0
	30000元以上	90000元以上	0.6
建筑业	30000元（含）以下	90000元（含）以下	0
	30000元以上	90000元以上	0.5
批发和零售业	30000元（含）以下	90000元（含）以下	0
	30000元以上	90000元以上	0.3
交通运输业 （除货物运输）	30000元（含）以下	90000元（含）以下	0
	30000元以上	90000元以上	0.4
房地产开发业	30000元（含）以下	90000元（含）以下	0
	30000元以上	90000元以上	0.5
饮食服务业	30000元（含）以下	90000元（含）以下	0
	30000元以上	90000元以上	0.5
娱乐业	30000元（含）以下	90000元（含）以下	0
	30000元以上	90000元以上	1.5
其他	30000元（含）以下	90000元（含）以下	0
	30000元以上	90000元以上	0.8

（2）采用核定应税所得率征收方式。凡不符合查账征收条件，但能准确核算收入或者成本费用的纳税人，其取得的经营所得采用核定应税所得率方式征收个人所得税。

实行核定应税所得率征收个人所得税的，应纳税所得额的计算公式如下：

应纳税所得额=累计收入总额×应税所得率

或应纳税所得额=成本费用支出额÷（1-应税所得率）×应税所得率

应纳税额=应纳税所得额×税率-速算扣除数

应税所得率的标准按表1-15执行。对累计收入额超过第一档的，以累计收入额执行第二档应税所得率。

表1-15　个人所得税核定应税所得率表

行业	月度收入额 （不含增值税）	季度收入额 （不含增值税）	应税所得率 （%）
制造业	30000元（含）以下	90000元（含）以下	0
	30000元以上	90000元以上	3
采矿业	30000元（含）以下	90000元（含）以下	0
	30000元以上	90000元以上	8
建筑业	30000元（含）以下	90000元（含）以下	0
	30000元以上	90000元以上	7
批发和零售业	30000元（含）以下	90000元（含）以下	0
	30000元以上	90000元以上	3
交通运输业 （除货物运输）	30000元（含）以下	90000元（含）以下	0
	30000元以上	90000元以上	5
房地产开发业	30000元（含）以下	90000元（含）以下	0
	30000元以上	90000元以上	7
饮食服务业	30000元（含）以下	90000元（含）以下	0
	30000元以上	90000元以上	7
娱乐业	30000元（含）以下	90000元（含）以下	0
	30000元以上	90000元以上	20
其他	30000元（含）以下	90000元（含）以下	0
	30000元以上	90000元以上	10

（3）适用附征率或应税所得率的确定方法。经营多业的，无论其经营项目是否单独核算，均应根据其主营项目所属行业确定其适用的附征率或应税所得率。主营项目应为纳税人所有经营项目中，收入总额、成本（费用）支出额或者耗用原材料、燃料、动力数量所占比重最大的项目。

（4）代开发票环节附征个人所得税。

其一，从事货物运输服务的纳税人依照《国家税务总局关于代开货物运输业发票个人所得税预征率问题的公告》（国家税务总局公告2011年第44号）规定，按开票金额的1.5%预征个人所得税。

其二，查账征收和采用核定应税所得率征收方式的纳税人代开发票的，依照"个人所得税核定附征率表"预征个人所得税。

其三，采用定期定额征收方式的货物运输业以外行业的纳税人代开发票的，发票开具金额未超过月（季）定额的按照定额缴税，代开时暂不征收个人所得税；发票开具金额超过月（季）定额的，应就其当月（季）代开发票超过定额部分收入依照"个人所得税核定附征率表"预征个人所得税。

其四，年度终了后，查账征收方式纳税人代开发票环节被预征的个人所得税，可以在汇算清缴时扣除。实行定期定额征收和核定应税所得率征收方式的纳税人代开发票环节被预征的个人所得税，不再从已核定定额中扣除。

（5）其他规定。

其一，核定征收涉及合伙企业的，应按照"先分后税"的原则，先确定合伙企业自然人合伙人的应纳税所得额后，再计算其应纳税额。

其二，个体工商户、个人独资企业和合伙企业因在纳税年度中间开业、合并、注销及其他原因，导致该纳税年度的实际经营期不足1年的，对个体工商户业主、个人独资企业投资者和合伙企业自然人合伙人的生产经营所得计算个人所得税时，以其实际经营期为1个纳税年度。

（6）自然人申请代开发票个人所得税的政策：《国家税务总局黑龙江省税务局关于自然人申请代开发票个人所得税有关问题的公告》（国家税务总局黑龙江省税务局公告2019年第1号）。

其一，对自然人纳税人取得劳务报酬所得、稿酬所得和特许权使用费所得需要代开发票的，在代开发票环节不再征收个人所得税。其个人所得税由扣缴义务人依照《个人所得税扣缴申报管理办法（试行）》（国家税务总局公告2018年第61号）规定预扣预缴（或代扣代缴）和办理全员全额扣缴申报。代开发票单位在开具发票时，应在发票备注栏内统一注明"个人所得税由支付方依法预扣预缴（或代扣代缴）"。

对自然人纳税人取得除劳务报酬所得、稿酬所得和特许权使用费所得外需要代开发票的，仍按现行法律法规执行。

其二，对未办理税务登记证件，临时从事生产、经营的自然人纳税人，在申请开具发票时，对其取得的经营所得，统一按开具发票金额（不含增值税）的 1.3% 核定征收个人所得税。

其三，个人取得应税所得，扣缴义务人未扣缴税款的，由纳税人依照《国家税务总局关于个人所得税自行纳税申报有关问题的公告》（国家税务总局公告 2018 年第 62 号）规定办理纳税申报。

7. 天津市

天津市的"经营所得核定征收个人所得税"政策：《国家税务总局天津市税务局关于经营所得核定征收个人所得税有关问题的公告》（国家税务总局天津市税务局公告 2018 年第 30 号）。

（1）对增值税一般纳税人及国务院税务主管部门明确的特殊行业、特殊类型的纳税人，原则上不得采取定期定额、事先核定应税所得率等方式征收个人所得税。

（2）采用定期定额征收方式。规模较小，达不到《个体工商户建账管理暂行办法》规定设置账簿标准的个体工商户、个人独资企业、合伙企业，可以采用定期定额征收方式。

采用定期定额征收方式的，其应纳税额的计算公式如下：

应纳税额=核定收入总额×核定征收率

核定收入总额为不含增值税收入额。

核定征收率标准按表 1-16 执行。

表 1-16 个人所得税核定征收率表（按月）

序号	月度经营收入	个人所得税征收率
1	收入在 3 万元（含）以下的部分	核定征收率为 0%
2	收入在 3 万元至 5 万元（含）之间	超过 3 万元以上的部分，按 0.5% 的核定征收率征收个人所得税
3	收入在 5 万元至 10 万元（含）之间	超过 3 万元以上的部分，按 0.8% 的核定征收率征收个人所得税
4	收入在 10 万元以上	超过 3 万元以上的部分，按 1.4% 的核定征收率征收个人所得税

按季申报的纳税人按照月度征收率表换算为季度征收率表。

（3）采用核定应税所得率征收方式。不符合查账征收个人所得税条件，且不符合上述定期定额征收条件的纳税人，可采用应税所得率征收方式。

实行核定应税所得率征收个人所得税的，应纳税所得额的计算公式如下：

应纳税所得额＝收入总额×应税所得率

应纳税额＝应纳税所得额×个人所得税税率－速算扣除数

应税所得率的标准按表1-17执行。

经营多业的，无论其经营项目是否单独核算，均应根据其主营项目确定其适用的应税所得率。

表1-17　个人所得税核定应税所得率表

行业	应税所得率（%）
工业、交通运输业、商业	5
建筑业、房地产业	7
饮食业	7
娱乐业	20
其他行业	10~30

注：其他行业涉及范围较大，由各主管税务机关根据征管实际选择确定应税所得率。

（4）除对代开货物运输业发票的个体工商户、个人独资企业和合伙企业依照《国家税务总局关于代开货物运输业发票个人所得税预征率问题的公告》（国家税务总局公告2011年第44号）规定按开票金额的1.5%预征个人所得税外，其他纳税人代开发票时不再预征"经营所得"个人所得税。

（5）《国家税务总局天津市税务局关于调整客运出租汽车纳税人个人所得税有关事项的公告》（国家税务总局天津市税务局公告2019年第7号）第一条规定：**依法从事客运出租汽车经营的个体工商户和挂靠企业的个人，适用《国家税务总局天津市税务局关于经营所得核定征收个人所得税有关问题的公告》（国家税务总局天津市税务局公告2018年第30号）第二条第一项规定的经营所得定期定额征收方式。因此，天津市从事挂靠建筑企业的自然人从建筑企业获得的经营所得月超过3万元以上的部分，按1.4%的核定征收率征收个人所得税。**

（三）查账征收和核定征收的申报方法

按查账征收办理预缴纳税申报和按核定征收办理纳税申报的，都按年计算个税，按月或季预缴个税，并报送《个人所得税经营所得纳税申报表（A表）》。

根据《国家税务总局关于个人所得税自行纳税申报有关问题的公告》（国家税务总局公告2018年第62号）第二条、《国家税务总局关于修订个人所得税申报表的公告》（国家税务总局公告 2019 年第 7 号）的规定，**个体工商户业主、个人独资企业投资者、合伙企业个人合伙人、承包承租经营者个人以及其他从事生产、经营活动的个人取得经营所得，按年计算个人所得税，由纳税人在月度或季度终了后 15 日内，向经营管理所在地主管税务机关办理预缴纳税申报，其中按查账征收办理预缴纳税申报，或者按核定征收办理纳税申报的报送《个人所得税经营所得纳税申报表（A 表）》。**

（四）"经营所得"的个税汇算清缴

1. "经营所得"的个税汇算清缴必须满足的条件

"经营所得"的个税汇算清缴必须满足以下条件：实施查账征收并在中国境内取得"经营所得"的个体工商户业主、个人独资企业投资者、合伙企业个人合伙人、承包承租经营者个人以及其他从事生产、经营活动的个人。

《国家税务总局关于修订个人所得税申报表的公告》（国家税务总局公告 2019 年第 7 号）的规定，只有实施查账征收的个体工商户业主、个人独资企业投资者、合伙企业个人合伙人、承包承租经营者个人以及其他从事生产、经营活动的个人在中国境内取得经营所得的情况下，才要进行个税的汇算清缴。

2. "经营所得"个税汇算清缴的时间及报送的申报表

《中华人民共和国个人所得税法》（中华人民共和国主席令第 9 号）第十二条规定："**纳税人取得经营所得，按年计算个人所得税，由纳税人在月度或者季度终了后十五日内向税务机关报送纳税申报表，并预缴税款；在取得所得的次年三月三十一日前办理汇算清缴。**"

根据《国家税务总局关于修订个人所得税申报表的公告》（国家税务总局公告 2019 年第 7 号）的规定，取得"经营所得"在次年 3 月 31 日前办理汇算清缴时，必须向经营管理所在地主管税务机关办理汇算清缴，并报送《个人所得税经营所得纳税申报表（B 表）》。

3. 专项附加扣除费用的扣除时间：个税汇算清缴时

《中华人民共和国个人所得税法实施条例》（中华人民共和国国务院令第 707 号）第十五条第二款规定："**取得经营所得的个人，没有综合所得的，计算其每一纳税年度的应纳税所得额时，应当减除费用 6 万元、专项扣除、专项附加扣除以及依法确定的其他扣除。专项附加扣除在办理汇算清缴时减除。**"

肖太寿财税工作室（公众微信号：xtstax）温馨提示

根据《国家税务总局关于修订个人所得税申报表的公告》（国家税务总局公告 2019 年第 7 号）关于《个人所得税经营所得纳税申报表（A 表）》填表说明的规定，只有在中国境内取得经营所得并实施查账征收的个体工商户业主、个人独资企业投资者、合伙企业个人合伙人、承包承租经营者个人以及其他从事生产、经营活动的个人，才有资格享受以下税收政策待遇：在计算每一纳税年度的应纳税所得额时，应当减除费用 6 万元、专项扣除、专项附加扣除以及依法确定的其他扣除。实施核定定额征收和核定应税所得率征收的个体工商户业主、个人独资企业投资者、合伙企业个人合伙人、承包承租经营者个人以及其他从事生产、经营活动的个人，在计算每一纳税年度的应纳税所得额时，不可以减除费用 6 万元、专项扣除、专项附加扣除以及依法确定的其他扣除。

（五）在中国境内经营纳税申报时间和方法

在中国境内从两处以上取得经营所得，应当于取得所得的次年 3 月 31 日前办理年度汇总纳税申报，并报送《个人所得税经营所得纳税申报表（C 表）》。

根据《国家税务总局关于个人所得税自行纳税申报有关问题的公告》（国家税务总局公告 2018 年第 62 号）第二条、《国家税务总局关于修订个人所得税申报表的公告》（国家税务总局公告 2019 年第 7 号）的规定，**从两处以上取得经营所得的，选择向其中一处经营管理所在地主管税务机关办理年度汇总申报，并报送《个人所得税经营所得纳税申报表（C 表）》**。

 案例分析

某个人独资的劳务公司的投资者经营所得的个税处理

（一）案情介绍

1. 张某是个人独资企业性质的红运建筑公司的投资者，假设红运建筑公司 2019 年每一季度的收入为 18 万元（不含增值税），发生的成本费用为 3 万元（不含增值税），每季度的承包经营所得 15 万元（不含增值税）。不存在"弥补以前年度亏损"，红运建筑公司是查账征收的个人独资企业，投资者张某选择按季度预缴申报个税。假设不存在任何调整费用和调整收入情况。

2. 张某每月自行支付税优商业健康保险费300元；每月自行缴纳的"三险一金"3000元（其中，基本养老保险1000元，基本医疗保险700元，失业保险300元，住房公积金1000元）。

3. 张某一男一女，都在上小学，已与妻子约定由张某按子女教育专项附加扣除标准的100%扣除。

4. 张某使用商业银行个人住房贷款购买了首套住房，现处于偿还贷款期间，每月须支付贷款利息1600元，已与妻子约定由张某一方进行住房贷款利息专项附加扣除。

5. 因张某工作单位离所购住房很远，在工程项目所在地附近租住了一套房屋，每月租金1000元。

6. 张某的父母均已退休（已满60岁，均有退休金）在家，张某与兄妹签订书面分摊协议，约定由张某分摊赡养老人专项附加扣除800元。

7. 首套住房贷款利息和房租租金扣除中，张某选择了首套住房贷款利息的扣除。

请计算张某全年和第一季度应缴纳的个人所得税。

（二）税法依据

1. 《建筑安装业个人所得税征收管理暂行办法》（国税发〔1996〕127号）第三条规定，"承包建筑安装业各项工程作业的承包人取得的所得，应区别不同情况计征个人所得税：经营成果归承包人个人所有的所得，或按照承包合同（协议）规定，将一部分经营成果留归承包人个人的所得，按对企事业单位的承包经营、承租经营所得项目征税；以其他分配方式取得的所得，按工资、薪金所得项目征税"。

2. 《中华人民共和国个人所得税法实施条例》（中华人民共和国国务院令第707号）第十五条第二款规定："取得经营所得的个人，没有综合所得的，计算其每一纳税年度的应纳税所得额时，应当减除费用6万元、专项扣除、专项附加扣除以及依法确定的其他扣除。专项附加扣除在办理汇算清缴时减除。"

3. 根据《国家税务总局关于修订个人所得税申报表的公告》（国家税务总局公告2019年第7号）关于《个人所得税经营所得纳税申报表（A表）》填表说明的规定，只有在中国境内取得经营所得并实施查账征收的个体工商户业主、个人独资企业投资者、合伙企业个人合伙人、承包承租经营者个人以及其他从事生产、经营活动的个人，才有资格享受以下税收政策待遇：在计算每一纳税年度的应纳税所得额时，应当减除费用6万元、专项扣除、专项附加扣除以及依法确定的其他扣除。

（三）张某个税计算、个税预缴和汇算清缴和申报表填写

1. 张某按季预缴申报个人所得税及纳税申报表的填写

第一步，2019年每一季度预缴个税应纳税所得额的计算：

150000－5000×3－（1000＋700＋300＋1000）×3－300×3

＝150000－15000－9000－900＝125100（元）

第二步，查询经营所得的个税税率表，张某适用的税率为20%，速算扣除数为10500。

第三步，张某每一季度预缴的个税为：

125100×20%－10500＝14520（元）

第四步，填写季度申报表：第一季度后的15日之内填写《个人所得税经营所得纳税申报表（A表）》，填写后的季度申报表如表1-18所示。

表1-18　个人所得税经营所得纳税申报表（A表）

税款所属期：2019年1月1日至2019年3月31日

纳税人姓名：张某

纳税人识别号：（填写身份证号码）　　　　　　金额单位：　　人民币元（列至角分）

被投资单位信息	名称	红运建筑公司	纳税人识别号（统一社会信用代码）	填写红运建筑公司的纳税识别号
征收方式	√查账征收（据实预缴）　□查账征收（按上年应纳税所得额预缴） □核定应税所得率征收　□核定应纳税额征收 □税务机关认可的其他方式 _____			

项目	行次	金额/比例
一、收入总额	1	180000
二、成本费用	2	30000
三、利润总额（3=1-2）	3	150000
四、弥补以前年度亏损	4	0
五、应税所得率（%）	5	
六、合伙企业个人合伙人分配比例（%）	6	0
七、允许扣除的个人费用及其他扣除（7=8+9+14）	7	24900
（一）投资者减除费用	8	15000
（二）专项扣除（9=10+11+12+13）	9	9000

项目	行次	金额/比例
1. 基本养老保险费	10	3000
2. 基本医疗保险费	11	2100
3. 失业保险费	12	900
4. 住房公积金	13	3000
（三）依法确定的其他扣除（14＝15+16+17）	14	900
1. 商业健康保险费	15	900
2.	16	
3.	17	
八、应纳税所得额	18	125100
九、税率（%）	19	20
十、速算扣除数	20	10500
十一、应纳税额（21＝18×19-20）	21	14520
十二、减免税额（附报《个人所得税减免税事项报告表》）	22	
十三、已缴税额	23	
十四、应补/退税额（24＝21-22-23）	24	

谨声明：本表是根据国家税收法律法规及相关规定填报的，是真实的、可靠的、完整的。

纳税人签字：张某

2019 年 4 月 13 日

经办人： 经办人身份证件号码： 代理机构签章： 代理机构统一社会信用代码：	受理人： 受理税务机关（章）： 受理日期：　　年 月 日

特别提醒：张某第二季度、第三季度、第四季度的个税计算和季度申报表的填写同第一季度的计算和申报表的填写。

张某第二季度的纳税申报表填写报送如下：

表1-19 个人所得税经营所得纳税申报表（A表）

税款所属期：2019年1月1日至2019年6月30日

纳税人姓名：张某

纳税人识别号：（填写身份证号码）　　　　　　金额单位：　　　人民币元（列至角分）

被投资单位信息	名称	红运建筑公司	纳税人识别号（统一社会信用代码）	填写红运建筑公司的纳税识别号
征收方式	√查账征收（据实预缴）　□查账征收（按上年应纳税所得额预缴） □核定应税所得率征收　□核定应纳税所得额征收 □税务机关认可的其他方式 _____			

项目	行次	金额/比例
一、收入总额	1	360000
二、成本费用	2	60000
三、利润总额（3＝1-2）	3	300000
四、弥补以前年度亏损	4	0
五、应税所得率（%）	5	
六、合伙企业个人合伙人分配比例（%）	6	0
七、允许扣除的个人费用及其他扣除（7＝8+9+14）	7	49800
（一）投资者减除费用	8	30000
（二）专项扣除（9＝10+11+12+13）	9	18000
1. 基本养老保险费	10	6000
2. 基本医疗保险费	11	4200
3. 失业保险费	12	1800
4. 住房公积金	13	6000
（三）依法确定的其他扣除（14＝15+16+17）	14	1800
1. 商业健康保险费	15	1800
2.	16	
3.	17	
八、应纳税所得额	18	250200
九、税率（%）	19	20
十、速算扣除数	20	10500
十一、应纳税额（21＝18×19-20）	21	39540
十二、减免税额（附报《个人所得税减免税事项报告表》）	22	0

续表

项目	行次	金额/比例
十三、已缴税额	23	14520
十四、应补/退税额（24=21-22-23）	24	25020

谨声明：本表是根据国家税收法律法规及相关规定填报的，是真实的、可靠的、完整的。

纳税人签字：张某
2019 年 4 月 13 日

经办人： 经办人身份证件号码： 代理机构签章： 代理机构统一社会信用代码：	受理人： 受理税务机关（章）： 受理日期：　　年　月　日

张某第三季度的纳税申报表填写报送如下：

表 1-20　个人所得税经营所得纳税申报表（A 表）

税款所属期：2019 年 1 月 1 日至 2019 年 9 月 31 日

纳税人姓名：张某

纳税人识别号：（填写身份证号码）　　　　　金额单位：　人民币元（列至角分）

被投资 单位信息	名称	红运建筑公司	纳税人识别号 （统一社会信用代码）	填写红运建筑公司的 纳税识别号
征收方式	√查账征收（据实预缴） □核定应税所得率征收 □税务机关认可的其他方式 _____		□查账征收（按上年应纳税所得额预缴） □核定应纳税所得额征收	

项目	行次	金额/比例
一、收入总额	1	540000
二、成本费用	2	90000
三、利润总额（3=1-2）	3	450000
四、弥补以前年度亏损	4	0
五、应税所得率（%）	5	
六、合伙企业个人合伙人分配比例（%）	6	0
七、允许扣除的个人费用及其他扣除（7=8+9+14）	7	74700

续表

项目	行次	金额/比例
（一）投资者减除费用	8	45000
（二）专项扣除（9＝10+11+12+13）	9	27000
1. 基本养老保险费	10	9000
2. 基本医疗保险费	11	6300
3. 失业保险费	12	2700
4. 住房公积金	13	9000
（三）依法确定的其他扣除（14＝15+16+17）	14	2700
1. 商业健康保险费	15	2700
2.	16	
3.	17	
八、应纳税所得额	18	375300
九、税率（%）	19	30
十、速算扣除数	20	40500
十一、应纳税额（21＝18×19-20）	21	72090
十二、减免税额（附报《个人所得税减免税事项报告表》）	22	0
十三、已缴税额	23	39540
十四、应补/退税额（24＝21-22-23）	24	32550

谨声明：本表是根据国家税收法律法规及相关规定填报的，是真实的、可靠的、完整的。

纳税人签字：张某

2019 年 4 月 13 日

经办人： 经办人身份证件号码： 代理机构签章： 代理机构统一社会信用代码：	受理人： 受理税务机关（章）： 受理日期：　　年　月　日

张某第四季度的纳税申报表填写报送如下：

表1-21 个人所得税经营所得纳税申报表（A表）

税款所属期：2019年1月1日至2019年12月31日

纳税人姓名：张某

纳税人识别号：（填写身份证号码）　　　　　　　金额单位：　　　人民币元（列至角分）

被投资单位信息	名称	红运建筑公司	纳税人识别号（统一社会信用代码）	填写红运建筑公司的纳税识别号
征收方式	√查账征收（据实预缴）　　□查账征收（按上年应纳税所得额预缴） □核定应税所得率征收　　□核定应纳税所得额征收 □税务机关认可的其他方式＿＿＿＿＿＿＿＿＿＿＿＿＿＿＿＿＿			

项目	行次	金额/比例
一、收入总额	1	720000
二、成本费用	2	120000
三、利润总额（3＝1-2）	3	600000
四、弥补以前年度亏损	4	0
五、应税所得率（%）	5	
六、合伙企业个人合伙人分配比例（%）	6	0
七、允许扣除的个人费用及其他扣除（7＝8+9+14）	7	99600
（一）投资者减除费用	8	60000
（二）专项扣除（9＝10+11+12+13）	9	36000
1.基本养老保险费	10	12000
2.基本医疗保险费	11	8400
3.失业保险费	12	3600
4.住房公积金	13	12000
（三）依法确定的其他扣除（14＝15+16+17）	14	3600
1.商业健康保险费	15	3600
2.	16	
3.	17	
八、应纳税所得额	18	500400
九、税率（%）	19	35
十、速算扣除数	20	65500

项目	行次	金额/比例
十一、应纳税额（21＝18×19－20）	21	109640
十二、减免税额（附报《个人所得税减免税事项报告表》）	22	0
十三、已缴税额	23	72090
十四、应补/退税额（24＝21－22－23）	24	37550

谨声明：本表是根据国家税收法律法规及相关规定填报的，是真实的、可靠的、完整的。
纳税人签字：张某 2019 年 4 月 13 日

经办人： 经办人身份证件号码： 代理机构签章： 代理机构统一社会信用代码：	受理人： 受理税务机关（章）： 受理日期：　　年　月　日

2. 经营所得的汇算清缴的纳税申报和申报表的填写

第一步，张某 2019 年全年的应纳税所得额的计算（专项附加扣除只有在汇算清缴时扣除）：

$$150000×4-5000×12-(1000+700+300+1000)×12-300×12-(2000+1000+800)×12=600000-60000-36000-3600-45600=454800(元)$$

第二步，查询经营所得的个税税率表，张某适用的税率为 30%，速算扣除数为 40500。

第三步，计算张某 2019 年度承包经营所得的个税：

$$454800×30\%-40500=95940（元）$$

第四步，向税务部门申请退税：

$$109640-=95940=13700（元）$$

第五步，计算年度汇算清缴应补缴的个税，并向项目施工所在地税务机关填写报送《个人所得税经营所得纳税申报表（B 表）》。

表1-22 个人所得税经营所得纳税申报表（B表）

税款所属期：2019 年 1 月 1 日至 2019 年 12 月 31 日

纳税人姓名：张某

纳税人识别号：（填写身份证号码）　　　　　　　金额单位：　　人民币元（列至角分）

被投资单位信息	名称	红运建筑公司	纳税人识别号（统一社会信用代码）	填写红运建筑公司的纳税识别号	
项目				行次	金额／比例
一、收入总额				1	7200000
其中：国债利息收入				2	0
二、成本费用（3＝4+5+6+7+8+9+10）				3	120000
（一）营业成本				4	
（二）营业费用				5	
（三）管理费用				6	
（四）财务费用				7	
（五）税金				8	
（六）损失				9	
（七）其他支出				10	
三、利润总额（11＝1-2-3）				11	600000
四、纳税调整增加额（12＝13+27）				12	0
（一）超过规定标准的扣除项目金额（13＝14+15+16+17+18+19+20+21+22+23+24+25+26）				13	
1. 职工福利费				14	
2. 职工教育经费				15	
3. 工会经费				16	
4. 利息支出				17	
5. 业务招待费				18	
6. 广告费和业务宣传费				19	
7. 教育和公益事业捐赠				20	
8. 住房公积金				21	
9. 社会保险费				22	
10. 折旧费用				23	
11. 无形资产摊销				24	

续表

项目	行次	金额/比例
12. 资产损失	25	
13. 其他	26	
（二）不允许扣除的项目金额（27＝28+29+30+31+32+33+34+35+36）	27	0
1. 个人所得税税款	28	
2. 税收滞纳金	29	
3. 罚金、罚款和被没收财物的损失	30	
4. 不符合扣除规定的捐赠支出	31	
5. 赞助支出	32	
6. 用于个人和家庭的支出	33	
7. 与取得生产经营收入无关的其他支出	34	
8. 投资者工资薪金支出	35	
9. 其他不允许扣除的支出	36	
五、纳税调整减少额	37	0
六、纳税调整后所得（38＝11+12-37）	38	600000
七、弥补以前年度亏损	39	0
八、合伙企业个人合伙人分配比例（％）	40	
九、允许扣除的个人费用及其他扣除（41＝42+43+48+55）	41	99600
（一）投资者减除费用	42	600000
（二）专项扣除（43＝44+45+46+47）	43	36000
1. 基本养老保险费	44	12000
2. 基本医疗保险费	45	8400
3. 失业保险费	46	3600
4. 住房公积金	47	12000
（三）专项附加扣除（48＝49+50+51+52+53+54）	48	3800
1. 子女教育	49	24000
2. 继续教育	50	0
3. 大病医疗	51	0
4. 住房贷款利息	52	12000
5. 住房租金	53	0
6. 赡养老人	54	9600

续表

项目	行次	金额/比例
（四）依法确定的其他扣除（55＝56+57+58+59）	55	3600
1. 商业健康保险	56	3600
2. 税延养老保险	57	0
3.	58	0
4.	59	0
十、投资抵扣	60	0
十一、准予扣除的个人捐赠支出	61	0
十二、应纳税所得额（62＝38-39-41-60-61）或［62＝（38-39）×40-41-60-61］	62	454800
十三、税率（%）	63	30
十四、速算扣除数	64	40500
十五、应纳税额（65＝62×63-64）	65	95940
十六、减免税额（附报《个人所得税减免税事项报告表》）	66	0
十七、已缴税额	67	109640
十八、应补/退税额（68＝65-66-67）	68	-13700

谨声明：本表是根据国家税收法律法规及相关规定填报的，是真实的、可靠的、完整的。

纳税人签字：

　　　　　　　年　月　日

经办人： 经办人身份证件号码： 代理机构签章： 代理机构统一社会信用代码：	受理人： 受理税务机关（章）： 受理日期：　　年　月　日

三　建筑行业包工头（班组长）内部劳务承包的个人所得税处理

　　班组长（包工头）管辖下的农民工从发包方获得的劳动报酬所得是工资薪金综合所得，而班组长（包工头）获得的劳动报酬所得要按照以下两种情况处理：第一种，包工头内部劳务承包，承包经营所得归包工头所有的个税处理；第二种，包工头内部劳务承包，包工头对承包经营成果不拥有所有权的个税处理。

（一）承包经营所得归包工头所有

如果建筑企业或专业作业劳务公司与班组负责人（包工头）签订内部劳务承包协议约定：班组长（包工头）以建筑企业或专业作业劳务公司的名义对外经营，建筑企业或专业作业劳务公司对外承担民事法律责任，班组长（包工头）向施工总承包方和专业承包方或专业分包方上交一定的管理费用，经营所得归班组长（包工头）所有，则班组长（包工头）获得的劳动报酬所得是"经营所得"，必须按照"经营所得"进行个人所得税处理。具体处理如下：

1. 班组长或包工头取得经营所得的"应纳税所得额"的计算

根据《中华人民共和国个人所得税法》第六条第（三）项的规定，以班组长（包工头）每一纳税年度的收入总额减除成本、费用以及损失后的余额，为应纳税所得额。同时，根据《中华人民共和国个人所得税法实施条例》（中华人民共和国国务院令第 707 号）第十五条的规定，取得经营所得的班组长（包工头），没有综合所得的，计算其每一纳税年度的应纳税所得额时，应当减除费用 6 万元、专项扣除、专项附加扣除以及依法确定的其他扣除。专项附加扣除在办理汇算清缴时减除。

基于以上税法规定，班组长或包工头取得经营所得可以选择按季度预交个税，其季度和年度汇算清缴的"应纳税所得额"计算公式如下：

班组长或包工头取得经营所得的应纳个人所得税＝年应纳税所得额×税率−速算扣除数

2. 班组长或包工头取得经营所得办理汇算清缴的时间、纳税申报地点和相关资料

《国家税务总局关于个人所得税自行纳税申报有关问题的公告》（国家税务总局公告 2018 年第 62 号）第二条规定："纳税人取得经营所得，按年计算个人所得税，由纳税人在月度或季度终了后 15 日内，向经营管理所在地主管税务机关办理预缴纳税申报，并报送《个人所得税经营所得纳税申报表（A表）》。在取得所得的次年 3 月 31 日前，向经营管理所在地主管税务机关办理汇算清缴，并报送《个人所得税经营所得纳税申报表（B表）》。"

某班组长内部承包劳务公司建筑劳务的个税处理

（一）案情介绍

1. 张某 2019 年挂靠红运筑建建筑公司承接建筑劳务，张某与红运建筑公司签订内部承包协议，承包期限 2 年，协议约定：张某以红运建筑公司的名义对外经营，红运建筑公司对外承担民事法律责任，张某向红运建筑公司上交一定的管理费用，经营所得归张某所有，假设张某 2019 年每季度从建筑公司取得的承包经营所得 15 万元（不含增值税）。张某选择按季度预缴申报个税，当地税务部门对承包者实施核定应税所得率征收个人所得税。按照以下应税所得率中的税率计算应纳税所得额。

表 1-23 应税所得率

序号	类别	应税所得率（%）
1	交通运输业	10
2	采矿业、制造业	10
3	批发和零售业	10
4	建筑业	10
5	房地产业	18
6	住宿业	10
7	餐饮业	7
8	娱乐业	30
9	法律服务业	10
10	其他行业	15

应纳税额计算公式：

应纳税所得额＝应税收入×应税所得率，或者应纳税所得额＝成本费用支出额／（1-应税所得率）×应税所得率

应纳税额＝应纳税所得额×经营所得 5 级累进税率

上款所称的应税收入是每一纳税年度的收入总额，成本费用支出额是每一纳税年度的成本费用支出总额。

2. 张某每月自行支付税优商业健康保险费 300 元；每月自行缴纳的"三险一金" 3000 元（其中，基本养老保险 1000 元，基本医疗保险 700 元，失

业保险 300 元，住房公积金 1000 元）。

3. 张某一男一女，都在上小学，已与妻子约定由张某按子女教育专项附加扣除标准的 100% 扣除。

4. 张某使用商业银行个人住房贷款购买了首套住房，现处于偿还贷款期间，每月须支付贷款利息 1600 元，已与妻子约定由张某一方进行住房贷款利息专项附加扣除。

5. 因张某工作单位离所购住房很远，在工程项目所在地附近租住了一套房屋，每月租金 1000 元。

6. 张某的父母均已退休（已满 60 岁，均有退休金）在家，张某与兄妹签订书面分摊协议，约定由张某分摊赡养老人专项附加扣除 800 元。

7. 首套住房贷款利息和房租租金扣除中，张某选择了首套住房贷款利息的扣除。

请计算张某全年和第一季度应缴纳的个人所得税。

（二）税法依据

1.《建筑安装业个人所得税征收管理暂行办法》（国税发〔1996〕127 号）第三条规定，"承包建筑安装业各项工程作业的承包人取得的所得，应区别不同情况计征个人所得税：经营成果归承包人个人所有的所得，或按照承包合同（协议）规定，将一部分经营成果留归承包人个人的所得，按对企事业单位的承包经营、承租经营所得项目征税；以其他分配方式取得的所得，按工资、薪金所得项目征税。"

2.《中华人民共和国个人所得税法实施条例》（中华人民共和国国务院令第 707 号）第十五条第二款规定："取得经营所得的个人，没有综合所得的，计算其每一纳税年度的应纳税所得额时，应当减除费用 6 万元、专项扣除、专项附加扣除以及依法确定的其他扣除。专项附加扣除在办理汇算清缴时减除"。

3. 根据《国家税务总局关于修订个人所得税申报表的公告》国家税务总局公告 2019 年第 7 号）关于《个人所得税经营所得纳税申报表（A 表）》填表说明的规定，实施核定定额征收和核定应税所得率征收的个体工商户业主、个人独资企业投资者、合伙企业个人合伙人、承包承租经营者个人以及其他从事生产、经营活动的个人，在计算每一纳税年度的应纳税所得额时，不可以减除费用 6 万元、专项扣除、专项附加扣除以及依法确定的其他扣除。

（三）张某个税计算、个税预缴和汇算清缴和申报表填写

第一步，2019 年每一季度预缴个税应纳个税的计算（核定征收个税的

经营所得不可以减除费用6万元、专项扣除、专项附加扣除以及依法确定的其他扣除，同时不进行个税的汇算清缴）：

应纳税所得额＝应税收入×应税所得率＝150000×10%＝15000（元）

第二步，张某每季度应纳个税的计算，根据应纳税所得额，按表1-24中的5级累进税率计算个税：

表1-24　个人所得税税率表二（经营所得）

级数	全年应纳税所得额	税率（%）	速算扣除数
1	不超过30000元的	5	0
2	超过30000元至90000元的部分	10	1500
3	超过90000元至300000元的部分	20	10500
4	超过300000元至500000元的部分	30	40500
5	超过500000元的部分	35	65500

张某应纳个人所得税额＝15000×5%＝750（元）

第三步，季度申报表的填写：第一季度后的15日之内填写《个人所得税经营所得纳税申报表（A表）》，如表1-25所示。

表1-25　个人所得税经营所得纳税申报表（A表）

被投资单位信息	名称	红运建筑公司	纳税人识别号（统一社会信用代码）	填写红运建筑公司的纳税识别号
征收方式	√查账征收（据实预缴） □核定应税所得率征收 □税务机关认可的其他方式＿＿＿＿＿		□查账征收（按上年应纳税所得额预缴） □核定应纳税所得额征收	

项目	行次	金额/比例
一、收入总额	1	150000
二、成本费用	2	
三、利润总额（3=1-2）	3	
四、弥补以前年度亏损	4	
五、应税所得率（%）	5	10
六、合伙企业个人合伙人分配比例（%）	6	
七、允许扣除的个人费用及其他扣除（7=8+9+14）	7	

续表

项目	行次	金额/比例
（一）投资者减除费用	8	
（二）专项扣除（9＝10＋11＋12＋13）	9	
1. 基本养老保险费	10	
2. 基本医疗保险费	11	
3. 失业保险费	12	
4. 住房公积金	13	
（三）依法确定的其他扣除（14＝15＋16＋17）	14	
1. 商业健康保险费	15	
2.	16	
3.	17	
八、应纳税所得额	18	15000
九、税率（％）	19	5
十、速算扣除数	20	
十一、应纳税额（21＝18×19－20）	21	750
十二、减免税额（附报《个人所得税减免税事项报告表》）	22	
十三、已缴税额	23	
十四、应补/退税额（24＝21－22－23）	24	

谨声明：本表是根据国家税收法律法规及相关规定填报的。是真实的、可靠的、完整的。

纳税人签字：张某

2019 年 4 月 13 日

经办人： 经办人身份证件号码： 代理机构签章： 代理机构统一社会信用代码：	受理人： 受理税务机关（章）： 受理日期：　　年　月　日

特别提醒：张某第二季度、第三季度、第四季度的个税计算和季度申报表的填写同第一季度的计算和申报表的填写。四个季度申报的个税都是 750 元。不存在个税的汇算清缴。

（二）承包经营成果不归包工头所有

《建筑安装业个人所得税征收管理暂行办法》（国税发〔1996〕127号）第三条规定："承包建筑安装业各项工程作业的承包人取得的所得，应区别不同情况计征个人所得税：**经营成果归承包人个人所有的所得，或按照承包合同（协议）规定，将一部分经营成果留归承包人个人的所得，按对企事业单位的承包经营、承租经营所得项目征税；以其他分配方式取得的所得，按工资、薪金所得项目征税。**"基于此规定，如果专业作业劳务公司与班组长（包工头）签订内部劳务承包协议约定：班组负责人（包工头）对企业承包经营成果不拥有所有权，仅是按内部承包协议规定取得一定所得，则班组长（包工头）获得的劳动报酬所得是"工资薪金综合所得"，必须按照"工资薪金综合所得"进行个人所得税处理。具体处理如下：第一，由施工总承包方和专业承包方或专业分包方（发包方）按月依照"累计预扣法"预扣预缴班组长（包工头）的个人所得税。第二，根据《个人所得税专项附加扣除操作办法（试行)》（国家税务总局公告2018年第60号）第四条第一款的规定，班组长（包工头）享受子女教育、继续教育、住房贷款利息或者住房租金、赡养老人专项附加扣除的纳税人，可以选择扣缴义务人在预扣预缴税款时办理扣除；也可以选择在次年3月1日至6月30日内，向汇缴地主管税务机关办理汇算清缴申报时扣除。

2

个税新政下，劳务报酬的增值税、
个人所得税处理

《中华人民共和国个人所得税法实施条例》（中华人民共和国国务院令第 707 号）第六条第（二）项规定：**"劳务报酬所得，是指个人从事劳务取得的所得，包括从事设计、装潢、安装、制图、化验、测试、医疗、法律、会计、咨询、讲学、翻译、审稿、书画、雕刻、影视、录音、录像、演出、表演、广告、展览、技术服务、介绍服务、经纪服务、代办服务以及其他劳务取得的所得。"** 基于此规定，劳务报酬所得一定是针对自然人或个人（注意：个体工商户不是个人）从事以上税法规定的劳务所取得的所得。劳务报酬所得针对支付劳务报酬的单位而言，要不要索取劳务报酬获得者开具的发票呢？获得劳务报酬所得的自然人如何申报个人所得税？支付劳务报酬的单位要不要扣缴劳务报酬获得者的个人所得税？如何扣缴又如何预扣缴个人所得税？针对这些问题，肖太寿财税工作室（公众微信号：xtstax）详细分析如下：

一 劳务报酬的法理分析

（一）劳务关系的内涵

劳务关系是平等主体之间就劳务的提供与报酬的给付所达成的协议。从主体上看，双方是平等主体之间的自然人、法人、合伙等其他组织，双方地位平等，在人身关系上不具有隶属关系。从法律关系上看，双方的法律关系基于民事法律规范成立，并受民事法律规范的调整和保护。双方的权利义务基于合同的约定产生。劳务关系适用《中华人民共和国民法通则》《中华人民共和国合同法》，并不适用《中华人民共和国劳动合同法》的相关规定。

（二）劳务关系的判断标准

劳务关系的判断标准是：劳务关系的双方不存在隶属关系，没有管理与被管理、支配与被支配的权利和义务，提供劳务的一方在工作过程中虽然也要接受用人单位指挥、监督，但并不受用人单位内部各项规章制度的约束，双方的地位处在同一个平台上。

（三）劳务关系的特征

根据相关法律法规的规定，用人单位与劳动者建立的劳务关系具有以下特征：

其一，劳务关系中的劳动者与用人单位是平等的民事法律主体，不是雇佣与被雇佣的关系，而是监督与被监督、指导与被指导的关系。

其二，劳务关系中的劳动者不受用人单位劳动管理制度的约束，因此，劳动者不以打考勤上班、在建筑领域不以"工资表和工时考勤表"作为成本核算的依据，而以"劳务结算单和劳务工程计量确认单"作为成本核算的依据。

其三，劳务关系中的劳动者与用人单位没有构成法律上雇佣与被雇佣的关系，则用人单位和劳动者都不缴纳社会保险费用。

其四，劳务关系中的劳务合同中不能约定"试用期、试用期的工资和转正后的工资"，而只能约定"完成劳务的工期，劳务款的支付标准、劳务款的支付时间、劳务成果完成验收的技术标准"。

 ## 二 劳务报酬的增值税处理

劳务报酬的增值税处理主要涉及劳务关系中劳动者收到用人单位的劳动报酬要不要到当地税务部门代开发票给用人单位。具体分析如下：

（一）小额零星业务支出的税前扣除凭证的法律依据

小额零星业务支出的税前扣除凭证的法律依据为国家税务总局 2018 年公告第 28 号文件第九条和《税务登记管理办法》（国家税务总局令第 36 号）。

国家税务总局 2018 年公告第 28 号文件第九条规定："企业在境内发生的支出项目属于增值税应税项目（以下简称应税项目）的，对方为已办理税务登记的增值税纳税人，其支出以发票（包括按照规定由税务机关代开的发票）作为税前扣除凭证；对方为依法无需办理税务登记的单位或者从事小额零星经营业务的个人，其支出以税务机关代开的发票或者收款凭证及内部凭证作为税前扣除凭证，收款凭证应载明收款单位名称、个人姓名及身份证号、支出项目、收款金额等相关信息。小额零星经营业务的判断标准是个人从事应税项目经营业务的销售额不超过增值税相关政策规定的起征点。"

增值税起征点的幅度是如何规定的？根据《财政部关于修改〈中华人民

共和国增值税暂行条例实施细则〉和〈中华人民共和国营业税暂行条例实施细则〉的决定》（财政部令第 65 号）第一条规定，将《中华人民共和国增值税暂行条例实施细则》第三十七条第二款修改为：

增值税起征点的幅度规定如下：

（1）销售货物的，为月销售额 5000~20000 元。

（2）销售应税劳务的，为月销售额 5000~20000 元。

（3）按次纳税的，为每次（日）销售额 300~500 元。

根据《财政部 国家税务总局关于全面推开营业税改征增值税试点的通知》（财税〔2016〕36 号）文件附件一《营业税改征增值税试点实施办法》第五十条规定：增值税起征点幅度如下：

（1）按期纳税的，为月销售额 5000~20000 元（含本数）。

（2）按次纳税的，为每次（日）销售额 300~500 元（含本数）。

《税务登记管理办法》（国家税务总局令第 36 号）第二条规定，**企业在外地设立的分支机构和从事生产、经营的场所，个体工商户和从事生产、经营的事业单位；除国家机关、个人和无固定生产、经营场所的流动性农村小商贩以外的其他纳税人，均应当按规定办理税务登记。即国家机关，个人和无固定生产、经营场所的流动性农村小商贩依法无需办理税务登记的单位。**

（二）不属于应税项目支出的税前扣除凭证的处理

国家税务总局 2018 年公告第 28 号第十条规定，**企业在境内发生的支出项目不属于应税项目的，对方为单位的，以对方开具的发票以外的其他外部凭证作为税前扣除凭证；对方为个人的，以内部凭证作为税前扣除凭证。**基于此规定，不属于应税项目的支出的税前扣除凭证处理：

1. 对方单位开具的发票以外的外部凭证

对方为单位的，以对方开具的发票以外的其他外部凭证作为税前扣除凭证。即：不属于应税项目，对方不开发票，开收款收据之类的即可。

2. 对方个人出具的内部凭证

对方为个人的，以内部凭证作为税前扣除凭证。即不属于应税项目，对方开收款收据。

例如，建筑工地上的拆迁补偿费、扰民噪声费、青苗补偿费、工地赔偿费不属于应税项目的支出，按照以下内部凭证作为税前扣除凭证：

（1）建筑企业与被拆迁者签订补偿协议，协议中明确约定补偿或赔偿金额。

（2）建筑企业必须收集被补偿者的身份证复印件。

（3）要求编制赔偿支付清单，领款者必须在清单上签字捺手印。

3. 企业自己内部凭证或收据

企业发生以下成本支出属于不征增值税项目支出，凭借内部收款凭证或收款收据作为企业所得税税前扣除的凭证。

（1）采购方从销售方收到的违约金和罚款。

（2）建设单位或业主从建筑企业总承包方工程款中扣留的罚款和违约金。

（3）建筑企业总承包方从建筑企业专业分包方或劳务公司工程进度款或劳务款中扣留的罚款和违约金。

（4）股权转让方收到股权购买方支付的股权转让款。

（5）房地产企业支付给被拆迁人的政策性拆迁补偿款。

（6）销售方为鼓励采购方提前或及时支付销售款而给予的销售折扣，在财务上体现的财务费用。

（7）建筑企业为发包方提前或及时支付工程款而给予的销售折扣，在财务上体现的财务费用。

（三）小额零星经营业务支出的税前扣除凭证

依据国家税务总局 2018 年公告第 28 号文件第九条第二款的规定，企业在境内发生的支出项目属于增值税应税项目（以下简称应税项目）的，对方为依法无须办理税务登记的单位或者从事小额零星经营业务的个人，其支出以税务机关代开的发票或者收款凭证及内部凭证作为税前扣除凭证，收款凭证应载明收款单位名称、个人姓名及身份证号、支出项目、收款金额等相关信息。基于此税法规定，发生增值税应税项目的小额零星经营业务支出的税前扣除凭证有以下两种：

第一种，以税务机关代开的发票作为税前扣除凭证。

第二种，以收款凭证及内部凭证（或小额零星业务支出收款收据，如表2-1所示）作为税前扣除凭证，收款凭证应载明收款单位名称、个人姓名及身份证号、支出项目、收款金额等相关信息。

表 2-1　小额零星经营业务收款收据

付款日期：

付款单位名称			
纳税人识别号			
支出项目	金额	代扣代缴	实收金额
收款人名称			
纳税人识别号			

收款人（签章）：

收款日期：

肖太寿财税工作室（公众微信号：xtstax）温馨提示

（1）由于个人发生的小额零星业务支出分两种情况：一种是按月销售金额在 20000 元以下（含 20000 元）；另一种是按次或按日 500 元以下（含 500 元）。在税收征管实践中，有不少地方税务主管部门，对个人发生应税项目的小额零星业务，按次或按日 500 元（含 500 元）以下的，不要去当地税务主管部门代开具发票；按月 20000 元（含 20000 元）以下的，必须要当地税务主管部门代开具发票。

（2）依据国家税务总局 2018 年公告第 28 号文件第九条第二款的规定，按月 20000 元（含 20000 元）以下的，个人也可以选择不去当地税务主管部门代开具发票，直接以收款凭证及内部凭证（或小额零星业务支出收款收据）作为税前扣除凭证，只要收款凭证载明收款单位名称、个人姓名及身份证号、支出项目、收款金额等相关信息即可。建议全国各地的基层税务主管部门，本着为企业和个人减负和响应党中央、国务院提出的"保就业""万众创新，大众创业"的号召，促进民营经济的发展，贯彻落实国家税务总局提出的"办税便民春风"活动，加快政府职能转型，建设服务型政府的精神，对于个人发生应税项目的月销售金额 20000 元（含 20000 元）以下的，不去当地税务主管部门代开具发票，直接以个人签字的收款凭证及内部凭证（或小额零星业务支出收款收据）作为税前扣除凭证。

（四）劳务报酬按次支付 500 元以下的增值税处理

如果劳动者的劳务报酬按次支付在 500 元（含 500 元）以下时，根据国家税务总局 2018 年公告第 28 号第九条第二款的规定，用人单位按次支付 500 元以下的金额是小额零星业务支出，获得劳动报酬的劳动者不需要去税务局代开发票给用人单位作为成本核算依据，而是以零星小额业务支出收款收据作为成本核算依据。

（五）劳务报酬按月 20000 元（含 20000 元）以下的增值税处理

如果劳动者每月提供相同的劳务，用人单位每月发放劳动者的劳动报酬在 20000 元以下时，则根据国家税务总局 2018 年公告第 28 号第九条第二款的规定，用人单位按月支付 20000 元以下的金额是小额零星业务支出，按月获得劳动报酬的劳动者不需要去税务局代开发票给用人单位作为成本核算依据，而是以零星小额业务收款收据作为成本核算依据。当然，要咨询当地税务主管部门，如果当地税务主管部门强烈要求代开发票，则用人单位按月支付 20000 元以下的金额，按月获得劳动报酬的劳动者要去税务局代开发票给用人单位作为成本核算依据，不能以零星小额业务收款收据作为成本核算依据。

（六）劳务报酬按次 500 元（不含 500 元）以上和按月 20000 元（不含 20000 元）以上的增值税处理

如果用人单位给劳动者的劳动报酬按次支付超过 500 元、按月支付超过 20000 元（超过增值税起增点）的，则劳动者必须到税务局代开劳务发票给用人单位作为成本核算依据。

三 劳务报酬的个人所得税处理

（一）劳务报酬个人所得税的扣缴义务人

劳务报酬个人所得税的扣缴义务人为支付劳务报酬的单位或个人。

《中华人民共和国个人所得税法》（中华人民共和国主席令第 9 号）第

九条规定，个人所得税以所得人为纳税人，以支付所得的单位或者个人为扣缴义务人。纳税人有中国公民身份号码的，以中国公民身份号码为纳税人识别号；纳税人没有中国公民身份号码的，由税务机关赋予其纳税人识别号。扣缴义务人扣缴税款时，纳税人应当向扣缴义务人提供纳税人识别号。基于此税法规定，支付个人劳务报酬的单位或个人为个人所得税的扣缴义务人。

（二）劳务报酬的个人所得税扣缴办法及具体操作

1. 劳务报酬的个人所得税的扣缴办法

劳务报酬的个人所得税的扣缴办法为按次或按月预扣预缴个人所得税。

根据《个人所得税扣缴申报管理办法（试行）》（国家税务总局公告2018年第61号）第八条规定，**扣缴义务人向居民个人支付劳务报酬所得、稿酬所得、特许权使用费所得时，应当按照以下方法按次或者按月预扣预缴税款。**其中，根据国家税务总局公告2018年第61号第十一条的规定，劳务报酬所得属于一次性收入的，以取得该项收入为一次；属于同一项目连续性收入的，以一个月内取得的收入为一次。

2. 劳务报酬预扣预缴个人所得税的具体操作要点

首先，劳务报酬所得以每次收入减除费用后的余额为收入额，以每次收入额为预扣预缴应纳税所得额，计算应预扣预缴税额。

其次，在预扣预缴环节，劳务报酬所得每次收入不超过4000元的，费用按800元计算；每次收入4000元以上的，费用按20%计算。

再次，劳务报酬所得应预扣预缴税额=预扣预缴应纳税所得额×预扣率－速算扣除数（劳务报酬所得适用个人所得税预扣率表二，如表2-2所示）。

表2-2　个人所得税预扣率表二
（居民个人劳务报酬所得预扣预缴适用）

级数	预扣预缴应纳税所得额	预扣率（%）	速算扣除数
1	不超过20000元	20	0
2	超过20000元至50000元的部分	30	2000
3	超过5000元的部分	40	7000

最后，居民个人办理年度综合所得汇算清缴时，应当依法计算劳务报酬所得、稿酬所得、特许权使用费所得的收入额，并入年度综合所得计算应纳税款，税款多退少补。

肖太寿财税工作室（公众微信号：xtstax）特别提醒

如果劳务报酬的获得者到税务局代开发票给支付劳务报酬的单位做成本时，一般由税务局核定代征个人所得税，则用人单位不再为获得劳动报酬的劳动者代扣代缴个人所得税。

（三）劳务报酬的个人所得税汇算清缴的处理

1. 取得劳务报酬综合所得的居民纳税人必须进行个人所得税汇算清缴的两种情况

（1）按次或按月预扣预缴个人所得税在一处取得"劳务报酬"，另一处取得"工资薪金"所得的居民纳税人，且一年中的"劳务报酬""工资薪金"综合所得年收入额减除专项扣除后的余额超过60000元，必须进行年度的个人所得税汇算清缴。

根据《中华人民共和国个人所得税法实施条例》（中华人民共和国国务院令第707号）第二十五条和《国家税务总局关于个人所得税自行纳税申报有关问题的公告》（国家税务总局公告2018年第62号）的规定，**从两处以上取得综合所得，且综合所得年收入额减除专项扣除后的余额超过60000元的个人，必须进行个人所得税汇算清缴。**

"从两处以上取得综合所得"举例说明如下：一位居民在一个用人单位取得工资薪金综合所得（该居民与用人单位签订全日制用工劳动合同），利用周末的时间到另外一个单位提供讲学、咨询、监理、设计以及其他劳务从而取得劳务报酬综合所得。

（2）取得劳务报酬所得、稿酬所得、特许权使用费所得中一项或者多项所得，且综合所得年收入额减除专项扣除的余额超过60000元。

根据《中华人民共和国个人所得税法实施条例》（中华人民共和国国务院令第707号）第二十五条和《国家税务总局关于个人所得税自行纳税申报有关问题的公告》（国家税务总局公告2018年第62号）的规定，取得劳务报酬所得、稿酬所得、特许权使用费所得中"一项或者多项所得，且综合所得年收入额减除专项扣除的余额超过60000元"的个人，必须进行个人所得税汇算清缴。

举例说明如下：一位居民收入不稳定，没有与任何单位签订全日制用工劳动合同，从而没有工资薪金综合所得，只有在一年当中（每年的1月1日至12

月 31 日之间）只取得"劳务报酬所得、稿酬所得、特许权使用费所得"三项综合所得中的一项所得或多项所得，并且年收入额减除居民个人承担的"三险一金"的余额超过 60000 元，必须要进行个人所得税的年度汇算清缴。

2. 劳务报酬综合所得进行个人所得税汇算清缴的时间

根据《国家税务总局关于个人所得税自行纳税申报有关问题的公告》（国家税务总局公告 2018 年第 62 号）第一条的规定，**劳务报酬综合所得的居民纳税人，应当在取得所得的次年 3 月 1 日至 6 月 30 日内，办理个人所得税汇算清缴**。

3. 劳务报酬综合所得的专项附加扣除费用的扣除时间

《中华人民共和国个人所得税法实施条例》（中华人民共和国国务院令第 707 号）第二十八条规定，**居民个人取得劳务报酬所得、稿酬所得、特许权使用费所得，应当在汇算清缴时向税务机关提供有关信息，减除专项附加扣除**。《个人所得税专项附加扣除操作办法（试行）》（国家税务总局公告2018 年第 60 号）第六条规定，**纳税人未取得工资、薪金所得，仅取得劳务报酬所得、稿酬所得、特许权使用费所得需要享受专项附加扣除的，应当在次年 3 月 1 日至 6 月 30 日内，自行向汇缴地主管税务机关报送《扣除信息表》，并在办理汇算清缴申报时扣除**。基于以上税收政策规定，未取得工资、薪金所得，仅取得劳务报酬所得的居民自然人纳税人的专项附加扣除时间只能在次年 3 月 1 日至 6 月 30 日内，办理个人所得税汇算清缴时进行扣除。

4. 居民纳税人取得劳务报酬综合所得办理汇算清缴的有关资料提交要求

根据国家税务总局公告 2018 年第 62 号第一条的规定，**居民纳税人取得劳务报酬综合所得，在办理汇算清缴时，需要提供以下资料**：

（1）向主管税务机关报送《个人所得税年度自行纳税申报表》。

（2）纳税人办理综合所得汇算清缴，应当准备与收入、专项扣除、专项附加扣除、依法确定的其他扣除、捐赠、享受税收优惠等相关的资料，并按规定留存备查或报送。

5. 居民纳税人取得劳务报酬综合所得办理汇算清缴的年度纳税申报地点

根据《国家税务总局关于个人所得税自行纳税申报有关问题的公告》（国家税务总局公告 2018 年第 62 号）第一条的规定，**居民纳税人取得劳务报酬综合所得办理汇算清缴的年度纳税申报地点具体如下**：

（1）**如果劳务报酬获得者在一处有固定的工资薪金所得，则年度纳税申报地点：居民纳税人只有一处任职、受雇单位的，将"劳务报酬"和"工资薪金所得"合并，向其任职、受雇单位所在地主管税务机关办理个人所得**

税的年度汇算清缴的纳税申报。

（2）如果劳务报酬获得者是自由职业者，没有在任何单位受雇，即未取得工资、薪金所得，仅取得劳务报酬所得的情况下，则直接将年度的"劳务报酬"综合所得，向户籍所在地或经常居住地主管税务机关办理个人所得税的年度汇算清缴的纳税申报。

6. 劳务报酬所得汇算清缴的年应纳税所得额的计算

根据《中华人民共和国个人所得税法》（中华人民共和国主席令第9号）第六条第（一）项规定，居民个人的综合所得，以每一纳税年度的收入额减除费用60000元以及专项扣除、专项附加扣除和依法确定的其他扣除后的余额，为应纳税所得额。基于此税法的规定，居民个人年综合所得的计税公式如下：

居民个人的综合所得＝一纳税年度的收入额-费用60000元-专项扣除（三险一金：基本养老保险、基本医疗保险、失业保险和住房公积金）-专项附加扣除（子女教育、继续教育、大病医疗、住房贷款利息或者住房租金、赡养老人支出）-依法确定的其他扣除

由于劳务报酬所得是综合所得中的一种所得之一。根据《个人所得税扣缴申报管理办法（试行）》（国家税务总局公告2018年第61号）第八条第四款的规定，**居民个人办理年度综合所得汇算清缴时，应当依法计算劳务报酬所得、稿酬所得、特许权使用费所得的收入额，并入年度综合所得计算应纳税款，税款多退少补。**因此，劳务报酬所得汇算清缴的年应纳税所得额的计算分为两种情况，具体如下：

（1）如果劳务报酬的获得者在一处有固定的"工资薪金所得"，则该劳务报酬所得的居民纳税人的年综合所得计算公式如下：

居民个人的综合所得＝一纳税年度的"劳务报酬所得+工资薪金所得"收入额-费用60000元-专项扣除（三险一金：基本养老保险、基本医疗保险、失业保险和住房公积金）-专项附加扣除（子女教育、继续教育、大病医疗、住房贷款利息或者住房租金、赡养老人支出）-依法确定的其他扣除

 **案例分析**

同时取得工资薪金和劳务报酬所得的个税汇算清缴退税

（一）案情介绍

张华在A公司就职，每月的工资薪金为5000元，同时在B公司每月取得劳务报酬10000元。张华在A公司每月发生的个人承担部分的"三险一

金"为 1000 元，每月专项附加扣除费用为 4000 元。在汇算清缴时，张华如何进行个税处理？

（二）张华个税处理分析

1. 张华在 B 公司劳务报酬的个税处理

（1）张华在 B 公司获得劳务报酬的应纳税所得额的计算。根据《个人所得税扣缴申报管理办法（试行）》（国家税务总局公告 2018 年第 61 号）第八条的规定，在预扣预缴环节，劳务报酬所得每次收入不超过 4000 元的，费用按 800 元计算；每次收入 4000 元以上的，费用按 20% 计算。因此，张华在 B 公司的应纳税所得额计算如下：

张华在 B 公司的应纳税所得额=10000×80%=8000（元）

（2）张华在 B 公司获得的劳务报酬预扣预缴个税的计算。依据个人所得税预扣率表二（见表 2-2）预扣预缴个税。

张华在 B 公司获得的劳务报酬预扣预缴个税=8000×20%×12=19200（元）

2. 张华个人所得税汇算清缴的处理

（1）张华在个税汇算清缴时，将在 B 公司获得劳务报酬所得并入 A 公司工资薪金综合所得，合并计算个人所得税。

张华一年的收入总额=5000×12+10000×（1-20%）×12=156000（元）

（2）张华一年的应纳税所得额的计算。

张华一年的应纳税所得额=收入额-减除费用（60000）-专项扣除-专项附加扣除-其他扣除=156000-60000-12000-48000=36000（元）

（3）计算张华一年合并收入的应纳个人所得税的税额。根据综合所得的累进税率表——个人所得税税率表一（综合所得适用），如表 2-3 所示，计算张华一年合并收入的个人所得税税额如下：

表 2-3　个人所得税税率表一（综合所得适用）

级数	全年应纳税所得额	税率（%）
1	不超过 36000 元的	3
2	超过 36000 元至 144000 元的部分	10
3	超过 144000 元至 300000 元的部分	20
4	超过 300000 元至 420000 元的部分	25
5	超过 420000 元至 660000 元的部分	30
6	超过 660000 元至 960000 元的部分	35
7	超过 960000 元的部分	45

张华一年合并收入的个人所得税税额 = 36000×3% = 1080（元）

（4）张华申请退税。通过以上全年汇算清缴计算张华申请退税额：

张华申请退税 = 19200-1080 = 18120（元）

（2）如果劳务报酬获得者是自由职业者，没有受雇于任何单位，即在未取得工资、薪金所得，仅取得劳务报酬所得的情况下，根据《国家税务总局关于修订个人所得税申报表的公告》（国家税务总局公告 2019 年第 7 号）关于《个人所得税年度自行纳税申报表》填表说明，该劳务报酬所得的居民纳税人的年综合所得计算公式如下：

居民个人的综合所得 = 一纳税年度的劳务报酬所得收入额-费用 60000元-专项扣除（三险一金：基本养老保险、基本医疗保险、失业保险和住房公积金)-专项附加扣除（子女教育、继续教育、大病医疗、住房贷款利息或者住房租金、赡养老人支出)-依法确定的其他扣除

其中，劳务报酬所得收入额为一年中的劳务报酬收入总额×（1-20%），如果劳务报酬所得的居民纳税人没有自己购买缴纳社保费用，则专项扣除按零计算。

肖太寿财税工作室（公众微信号：xtstax）特别提醒

由于劳务报酬的专项附加扣除费用和每年 60000 元费用（仅只有劳务报酬，没有工资薪金所得的情况下）只能在汇算清缴时才能扣除，因此，在汇算清缴时，会出现退税的现象。

 **案例分析**

只取得劳务报酬所得且年收入减除专项扣除余额超过 60000 元的个税处理

（一）案情介绍

张华在 B 公司每月取得劳务报酬 10000 元。张华在其户口所在地社保所自行缴纳社保费用，其中，张华一年中发生的存入个人账户部分的"三险一金"为 12000 元，一年的专项附加扣除费用 48000 元。在汇算清缴时，张华如何进行个税处理？

（二）张华劳务报酬个税的处理分析

1. 张华在 B 公司获得劳务报酬的应纳税所得额的计算

根据《个人所得税扣缴申报管理办法（试行）》（国家税务总局公告 2018 年第 61 号）第八条的规定，在预扣预缴环节，劳务报酬所得每次收入不超过 4000 元的，费用按 800 元计算；每次收入 4000 元以上的，费用按 20%计算。因此，张华在 B 公司的应纳税所得额计算如下：

张华在 B 公司的应纳税所得额＝10000×80%＝8000（元）

2. 张华在 B 公司获得的劳务报酬预扣预缴个税的计算

依据个人所得税预扣率表二（见表 2-2）预扣预缴个税。

张华在 B 公司获得的劳务报酬预扣预缴个税＝8000×20%×12＝19200（元）

3. 张华个人所得税汇算清缴的处理

（1）汇算清缴的条件判断。张华一年的劳务报酬综合所得收入额－12000＝10000×（1-20%）×12-12000＝84000（元）＞60000（元），符合汇算清缴的条件，因此，张华必须在次年的 3 月 1 日至 6 月 30 日进行个人所得税的汇算缴缴。

（2）张华一年的应纳税所得额的计算。张华一年的应纳税所得额计算如下：

张华一年的应纳税所得额＝收入额－减除费用（60000）－专项扣除－专项附加扣除－其他扣除＝10000×（1-20%）×12-60000-12000-48000＝-24000（元）

因此，张华一年的劳务报酬收入不缴纳个人所得税。

（3）张华申请退税。通过以上全年汇算清缴计算，张华申请退税 19200 元。

3

建筑企业不同的用工关系与社保的协同管理

根据企业与劳动者之间用工关系的性质，企业的用工关系可以分为劳动关系和劳务关系。该两种用工关系涉及企业是否需要缴纳社保费用：如果企业与劳动者之间建立劳务关系，则企业和劳动者都不需要缴纳社保费用；如果企业与劳动者之间建立劳动关系，则企业与劳动者是否要缴纳社保费用？要从两方面来分析：一方面，如果企业与劳动者签订非全日制用工劳动合同，则企业与劳动者不需要缴纳社保费用；另一方面，如果企业与劳动者签订全日制用工劳动合同，则企业与劳动者必须依法缴纳社保费用，劳动者依法缴纳的社保费用由企业或用人单位代扣代缴。具体的企业的两种用工关系与社保的协同管理问题，肖太寿财税工作室（公众微信号：xtstax）肖太寿博士分析如下：

一 企业用工关系的分类及其个税的处理

（一）企业用工关系的分类及其内涵

从企业用工的实践来看，企业用工关系分为劳动关系、劳务关系两种。两者的内涵如下：

劳动关系是指用人单位与劳动者之间，依法所确立的劳动过程中的权利义务关系。根据《劳动和社会保障部关于确立劳动关系有关事项的通知》的规定，用人单位和劳动者符合法律法规规定的主体资格；用人单位依法制定的各项劳动规章制度适用于劳动者，劳动者受用人单位的劳动管理，从事用人单位安排的有报酬的劳动；劳动者提供的劳动是用人单位业务的组成部分的劳动关系成立。

劳务关系是平等主体之间就劳务的提供与报酬的给付所达成的协议。从主体上看，双方是平等主体之间的自然人、法人、合伙等其他组织，双方地位平等，在人身关系上不具有隶属关系。从法律关系上看，双方的法律关系基于民事法律规范成立，并受民事法律规范的调整和保护。双方的权利义务基于合同的约定产生。

（二）劳务关系的特征及其个税的处理

1. 劳务关系的特征

根据相关法律法规的规定，用人单位与劳动者建立的劳务关系具有以下特征：

（1）劳务关系中的劳动者与用人单位是平等的民事法律主体，不是雇佣与被雇佣的关系，而是监督与被监督、指导与被指导的关系

（2）劳务关系中的劳动者不受用人单位劳动管理制度的约束，因此，劳动者不以打考勤上班、在建筑领域不以"工资表和工时考勤表"作为成本核算的依据，而以"劳务结算单和劳务工程计量确认单"作为成本核算的依据。

2. 劳务关系的个税处理

劳务关系中劳动者收到用人单位的劳务报酬要不要到当地税务部门代开发票给用人单位？其个人所得税如何处理？这两个问题的税务处理具体分析如下：

（1）劳务报酬按次支付在500元以下的个税处理。如果劳动者的劳务报酬按次支付在500元以下时，则根据《企业所得税税前扣除凭证管理办法》（国家税务总局2018年公告第28号）第九条第二款的规定，用人单位**按次支付500元以下的金额是小额零星业务支出，获得劳动报酬的劳动者不需要去税务局代开发票给用人单位作为成本核算依据，而是以零星小额业务支出收款收据作为成本核算依据。**同时，根据新修改的《中华人民共和国个人所得税法》的规定，劳务报酬按次支付在800元以下时，不征个人所得税。因此，用人单位不代扣代缴个人所得税。

（2）劳务报酬按月支付在20000元以下的个税处理。如果劳动者每月提供相同的劳务，用人单位每月发放给劳动者的劳务报酬在20000元以下时，则根据《企业所得税税前扣除凭证管理办法》（国家税务总局2018年公告第28号）第九条第二款的规定，用人单位**按月支付20000元以下的金额是小额零星业务支出，按月获得劳务报酬的劳动者不需要去税务局代开发票给用人单位作为成本核算依据，而是以零星小额业务收款收据作为成本核算依据。**根据《个人所得税扣缴申报管理办法（试行）》第十条的规定，**劳务报酬所得的扣缴义务人向居民个人支付劳务报酬，应当按以下方法按次预扣预缴个人所得税：**

首先，劳务报酬所得以每次收入减除费用后的余额为收入额，以每次收入额为预扣预缴应纳税所得额，计算应预扣预缴税额。

其次，在预扣预缴环节，劳务报酬所得每次收入不超过4000元的，费用按800元计算；每次收入4000元以上的，费用按20%计算。

再次，劳务报酬所得应预扣预缴税额＝预扣预缴应纳税所得额×预扣率－速算扣除数（劳务报酬所得适用个人所得税预扣率表二，如表2-2所示。

最后，居民个人办理年度综合所得汇算清缴时，应当依法计算劳务报酬

所得、稿酬所得、特许权使用费所得的收入额，并入年度综合所得计算应纳税款，税款多退少补。

（3）劳务报酬按次支付超过 500 元和按月支付超过 20000 元的个税处理。如果用人单位给劳动者的劳动报酬按次支付超过了 500 元、按月支付超过 20000 元（超过增值税起增点），则劳动者必须到税务局代开发票给用人单位作为成本核算依据。由于个人所得税在税务局代开发票时，一般由税务局代征了个人所得税，因此，用人单位不再为获得劳务报酬的劳动者代扣代缴个人所得税。

（4）劳务关系中的劳动者与用人单位没有构成法律上雇佣与被雇佣的法律关系，则用人单位和劳动者都不需缴纳社会保险费用。

（5）劳务关系的劳务合同中不能约定"试用期、试用期的工资和转正后的工资"，只能约定"完成劳务的工期，劳务款的支付标准、劳务款的支付时间、劳务成果完成验收的技术标准"。

（三）劳动关系的特征及其个税的处理

1. 劳动关系的特征

（1）成本核算凭证。劳动关系中的劳动者必须遵守用人单位的劳动规章管理制度，因此，在会计上必须以"工资表和工时考勤表"作为成本核算依据，在建筑领域必须以"民工工资表和民工工时考勤表"作为成本核算的依据，劳动者获得的劳动报酬不需要到税务局代开发票给用人单位作为成本核算依据。

（2）劳动合同分类及非全日制用工的社保费用的缴纳。劳动合同分为全日制用工劳动合同和非全日制用工劳动合同，其中，非全日制用工劳动合同中的劳动者和用人单位签订的劳动合同，根据《劳动保障部关于非全日制用工若干问题的意见》（劳社部发〔2003〕12 号）第三条"关于非全日制用工的社会保险"第十二项规定和《中华人民共和国社会保险法》（中华人民共和国主席令第 35 号）第五十八条第二款和第六十条第二款以及《中华人民共和国社会保险法》（中华人民共和国主席令第 35 号）第十条第二款和第二十三条第二款的规定，对于非全日制用工形式，用工单位必须依法缴纳工伤保险，不缴纳基本养老和基本医疗保险费用，由非全日制用工劳动者本人直接向社会保险费征收机构缴纳社会保险费。

（3）全日制用工劳动合同的签订策略。全日制用工合同中必须约定"试用期、试用期工资及转正后的工资"，其中，依据《中华人民共和国劳动合同法》第十九条的规定，试用期的期限规定如下：劳动合同期限三个月以上不满一年的，试用期不得超过一个月；劳动合同期限一年以上不满三年的，试用期不得超过二个月；三年以上固定期限和无固定期限的劳动合同，试用期不得超过六个月。同时根据《中华人民共和国劳动合同法》第二十条的规定，劳动者在试用期的工资不得低于本单位同岗位最低档工资或者劳动合同约定工资的 80%，并不得低于用人单位所在地的最低工资标准。

2. 劳动关系下的个税处理

在用人单位与劳动者签订劳动合同、构成劳动关系的情况下，用人单位给予劳动者的劳动报酬，按照"工资薪金综合所得"，实施"累计预扣法"，按月预扣预缴个人所得税。根据《个人所得税扣缴申报管理办法（试行）》第八条（工资薪金所得的预扣预缴）扣缴义务人向居民个人支付工资薪金所得时，应当按照累计预扣法预扣预缴税款，并按月办理全员全额扣缴申报，具体操作要点如下：

（1）计算累计应预扣预缴税额。用人单位以纳税人（劳动者）截至当前月份累计工资薪金所得收入额减除纳税人申报的累计基本减除费用、专项扣除、专项附加扣除和依法确定的其他扣除后的余额为累计预缴应纳税所得额，适用工资薪金所得预扣预缴税率表（见表 2-3），计算累计应预扣预缴税额，再减除已预扣预缴税额，余额作为本期应预扣预缴税额。余额为负值时，暂不退税。纳税年度终了后余额仍为负值时，可通过年度汇算清缴、多退少补。

具体计算公式如下：

本期应预扣预缴税额=（累计预扣预缴应纳税所得额×预扣率-速算扣除数）-累计减免税额-累计已预扣预缴税额

累计预扣预缴应纳税所得额=累计收入-累计免税收入-累计基本减除费用-累计专项扣除-累计专项附加扣除-累计依法确定的其他扣除

其中，累计基本减除费用，按照5000元/月乘以当前月份数计算。

（2）扣除劳动者的专项附加扣除。《个人所得税专项附加扣除操作办法（试行）》第十一条规定：**扣缴义务人办理工资薪金所得预扣预缴税款时，应当根据纳税人报送的《个人所得税专项附加扣除信息表》为纳税人办理专项附加扣除。**

扣缴义务人应当按规定向纳税人提供其专项附加扣除内容及金额等信息。

某建筑企业预扣预缴劳动者工资薪金综合所得个税的分析

（一）案情介绍

（1）2019年9月8日，甲建筑企业应向杨女士支付工资13500元，杨女士在该月除由任职单位扣缴"三险一金"2560元外，还通过单位缴付企业年金540元，自行支付税优商业健康保险费200元。

（2）杨女士已于2019年1月支付了女儿学前教育的2019年上学期（2019年1~8月）学费7000元，大儿子正在上小学，现已与丈夫约定由杨女士按子女教育专项附加扣除标准的100%扣除。

（3）杨女士本人是在职博士研究生在读。

（4）杨女士2018年使用商业银行个人住房贷款（或住房公积金贷款）购买了首套住房，现处于偿还贷款期间，每月须支付贷款利息1300元，已与丈夫约定由杨女士进行住房贷款利息专项附加扣除。

（5）因杨女士所购住房距离小孩上学的学校很远，以每月租金1200元在（本市）孩子学校附近租住了一套房屋。

（6）杨女士的父母均已满60岁（每月均领取养老保险金），杨女士与姐姐和弟弟签订书面分摊协议，约定由杨女士分摊赡养老人专项附加扣除800元。

（7）2019年10月2日，甲建筑公司应支付杨女士工资13500元，同时发放国庆节的过节福利费4500元，合计18000元。单位扣缴"三险一金"，杨女士缴付企业年金、支付税优商业健康保险费和杨女士可享受的各类专项附加扣除等金额每月都相同。请分析杨女士9月和10月预扣预缴个人所得税为多少。

（二）计算杨女士2019年9月个人所得税时可扣除的金额

（1）基本扣除费用5000元。

（2）专项扣除"三险一金"2560元。

（3）专项附加扣除 4200 元。①子女教育专项附加扣除 2000 元（女儿和儿子各 1000 元）；②继续教育专项附加扣除 400 元；③住房贷款利息专项附加扣除 1000 元；④赡养老人专项附加扣除 800 元。

（4）依法确定的其他扣除 740 元（企业年金 540 元，支付税优商业健康保险费 200 元）。

（三）计算杨女士 2019 年 9 月应纳税所得额

杨女士 2019 年 9 月应纳税所得额＝13500－5000－2560－4200－740＝1000（元）

（四）计算应在 9 月预扣预缴杨女士个人所得税

应在 9 月预扣预缴杨女士个人所得税＝1000×3%＝30（元）

（五）计算杨女士 2019 年 10 月个人所得税时可扣除的金额

（1）基本扣除费用 5000 元。

（2）专项扣除"三险一金"2560 元。

（3）专项附加扣除 4200 元。①子女教育专项附加扣除 2000 元（女儿和儿子各 1000 元）。②继续教育专项附加扣除 400 元。③住房贷款利息专项附加扣除 1000 元。④赡养老人专项附加扣除 800 元。

（4）依法确定的其他扣除 740 元（企业年金 540 元，支付税优商业健康保险费 200 元）。

（六）按"累计预扣法"方式预扣预缴税款

在 9 月已预扣预缴杨女士个人所得税 30 元。

（1）杨女士 10 月累计应税收入＝13500＋13500＋4500＝31500（元）

（2）杨女士 10 月累计扣除额＝5000×2＋2560×2＋4200×2＋740×2＝25000（元）

（3）杨女士 10 月累计预扣预缴应纳税所得额＝31500－25000＝6500（元）

（4）10 月累计应预扣预缴杨女士个人所得税＝6500×3%＝195（元）

（5）10 月当月应预扣预缴杨女士个人所得税＝195－30＝165（元）

二 企业的不同用工关系与社保的协同管理

（一）劳务关系与社保的协同管理

劳务关系对应的是劳务合同，根据《中华人民共和国劳动法》和《中华人民共和国社会保险法》的规定，劳务合同中的用人单位与劳动者不缴纳社保费用，如果劳动者要缴纳社保费用，劳动者本人回其户口所在地依法自行缴纳社保费用（包括国家统筹部分和个人部分的社保费用）。

建筑企业与劳务公司或班组长签订劳务分包合同，建筑企业不缴纳社保费用，但是劳务公司与农民工签订全日制用工劳动合同，劳务公司必须给农民工缴纳社保费用。因此，劳务公司必须做好农民工的社保筹划。具体的筹划方案如下：

（1）劳务公司与以小时计酬为主的农民工签订非全日制用工合同，劳务公司和农民工不缴纳社保费用，但劳务公司必须缴纳工伤保险。

（2）在没有实施农民工工资专用账户管理的建筑项目中，劳务公司与长期和劳务公司合作的农民工本人签订劳务专业作业分包协议，将劳务报酬控制在月收入20000元以内，按小额零星业务支出的税收政策规定处理，农民工不需要到税局代开发票给劳务公司作为成本核算依据。农民工的个人所得税由劳务公司按照"劳务报酬综合所得"进行个人所得税的预扣预缴处理，具有依据"个人所得税预扣率表二"中的税率（见表2-2）计算个人所得税，由建筑劳务公司案月预扣预缴。

如果农民工一年的劳务报酬所得减去其在户口所在地社保所缴纳的社保费用（个人账户部分，如果有的话）则由农民工本人或劳务公司的办税人员代理农民工自行到其工程项目所在地税务局申报个人所得税，在次年的3月1日至6月30日前进行上一年度的个人所得税汇算清缴。

由于劳务公司与农民工签订的是劳务专业作业分包协议而不是劳动协议，因此，劳务公司和农民工本人不缴纳社保费用。

（3）劳务公司让长期与其合作，又不符合签订非全日制用工合同的农民工去单独注册一个无雇工的个体工商户，无雇工个体工商户到注册所在地的税务部门购买税控机和税控盘，每月给劳务公司开具100000元以下的普通增值税发票，根据《国家税务总局关于小规模纳税人免征增值税政策有关征管问题的公告》（国家税务总局2019年公告第4号）第一条《财政部 税务总局关于实施小微企业普惠性税收减免政策的通知》（财税〔2019〕13号）第一条的规定，**小规模纳税人发生增值税应税销售行为，合计月销售额未超过100000元（以1个季度为1个纳税期的，季度销售额未超过30万元）的，免征增值税**。因此，劳务公司与无雇工的个体工商户签订劳务分包合同或劳务承包合同，建筑企业与无雇工的个体工商户不缴纳社保费用。

（4）劳务公司与班组长签订劳务承包、劳务分包合同，班组长去税务局代开劳务发票给劳务公司入账。根据《中华人民共和国社会保险法》的规定，**依法社保登记必须是劳动者与用人单位建立劳动关系，而班组长是个人不是公司，也不是用人单位，其管辖的每一个农民工无法进行社保登记，因此，班组长所管辖的每位农民工不缴纳社保，如果要缴纳社保由农民工本人回其户口所在地自行缴纳社保费用。**关于班组长和其管辖的农民工的个税，在代开发票时，根据当地税务局的规定，按照代开发票金额（不含增值税）的一定比例代征个人所得税。

（5）劳务公司与在户口所在地的社保所已经缴纳了农村社保（农村医疗保险和农村养老保险）的农民工签订全日制的劳动合同，然后让农民工到其缴纳农村社保的社保局开具已缴纳社保的证明单，将该已缴纳社保证明单交到劳务公司办公室存档备查，则农民工回到城市务工不需要缴纳城镇职工社保费用，劳务公司也不需要为农民工缴纳社保费用。当然，劳务公司可以在与农民工签订全日制劳动合同时，在劳动合同中的"社保费用"条款中约定，劳务公司承担报销农民工在其户口所在地社保所缴纳的社保费用（含国家统筹和个人承担的社保费用），农民工在其户口所在地缴纳的社保费用凭证必须交给劳务公司，作为其进行财务核算的凭证。

（二）劳动关系与社保的协同管理

1. 用人单位与劳动者签订非全日制用工合同

如果用人单位与劳动者签订非全日制用工合同，则劳动者与用人单位依法不缴纳基本养老和基本医疗保险费用，但用人单位必须缴纳工伤保险费用。如果劳动者要缴纳基本养老和基本医疗保险费用，则劳动者回其户口所在地自行缴纳基本养老和基本医疗保险费用（含国家统筹部分和个人缴纳部分）。具体操作要点如下：

（1）一个劳动者只能与一个单位签订一份非全日制用工合同，绝对不能跟一个单位签订两份以上的非全日制用工合同。

（2）一个劳动者可以与两个以上的法人单位分别签订非全日制用工合同。

《中华人民共和国劳动合同法》第六十九条第二款规定："**从事非全日制用工的劳动者可以与一个或者一个以上用人单位订立劳动合同；但是，后订立的劳动合同不得影响先订立的劳动合同的履行。**"基于此规定，非全日制劳动者可以建立双重劳动关系甚至是多重劳动关系，即劳动者可以在 A 企业、B 企业甚至 C 企业同时做几份小时工。

2. 新招聘员工签订全日制用工合同

全日制用工合同分为新招聘员工全日制用工合同和老员工劳动合同未到期的全日制用工合同。其中，新招聘员工的全日制用工合同节约社保费用的策略如下：

（1）在劳动合同中的"试用期工资"必须定在当地政府规定的最低工资标准水平。

（2）劳动合同中的"转正后的工资"必须定在试用期工资除以80%。

（3）为了激励新招聘员工接受以上合同约定的适用期工资和转正后工资水平，应该在公司的福利费制度中约定：提高新招聘员工收入水平的职工福利费制度项目，包括防暑降温、冬季取暖、出差补助、职工食堂支出、职工工作服支出、工作服洗补费、探亲路费、员工公司租用公寓楼或宿舍解决住房的支出等。

3. 老员工签订的未到期的全日制用工合同

老员工合同未到期的全日制用工合同的节约社保费用的策略如下：

（1）基本原则：在保持老员工工资水平不下降的情况下，重新构建工资薪金和福利费制度，将一部分工资收入转入依法不缴纳社保费用的职工福利费用、职工教育经费和公司费费用里面。

（2）根据劳社中心险〔2006〕60号文件的规定，必须依法缴纳社会保险费用的职工福利费如下：交通补贴费、手机通信补贴、房租补贴、餐费补贴、过节费。

（3）依法不交社保费用的职工福利费和其他收入项目如下：防暑降温与冬季取暖（不要发票，发现金），探亲路费（凭发票报销），工作服洗补费（不要发票，发现金），婴幼儿补贴费（不要发票，发现金），职工孝顺父母基金，公司建立食堂的各项支出，公司统一租用公寓楼或宿舍楼专门用于解决高管和职工住宿问题的支出，工作服支出，出差补助（交个税），误餐补助，出差津贴（免个税）和自带工具用于企业生产经营用的工具补偿费用。

（三）工资发放单位与社保缴纳单位不是同一单位的工资与社保协同管理

1. 不同单位的协同管理

建筑企业给挂证人缴纳社保，而在另一单位上班发放工资的，工资与社保协同管理如下：

（1）建筑企业与挂证人签订非全日制用工合同，挂证的建筑企业给挂证人承担最低档的社保费用，并以支付的挂证费用作为小时计酬的工资，依法为挂证人预扣预缴申报个人所得税。

（2）挂证人与发放工资的另一单位签订全日制用工合同，发放工资的单位将其发放的工资按月预扣预缴个人所得税，将专项附加扣除在发放工资的另一单位扣除。根据《中华人民共和国个人所得税法实施条例》第三十三条的规定，**在两处或者两处以上取得综合所得，且综合所得年收入额减去专项扣除（三险一金）的余额超过 60000 元，应当在取得所得次年的 3 月 1 日至6 月 30 日内办理个人所得税汇算清缴。**

（3）挂证人在挂证的建筑企业给挂证人到税务部门（2019 年 1 月 1 日之后）开出一份已经缴纳社保的证明单，存放到发放工资单位的财务部门进行备查。

2. 总公司（母公司）与分公司（子公司）的协同管理

建筑企业总公司（母公司）招标，分公司（子公司）施工存在的项目部管理人员和技术人员的工资发放单位在分公司（子公司），社保费用在总公司（母公司）缴纳的协同管理如下：

（1）总公司（母公司）的人事部门向分公司（子公司）开出一份人事派遣函，派遣函上明确写明总公司（母公司）向分公司（子公司）派遣的管理人员和技术人员的社保费在总公司（母公司）缴纳，工资在分公司（子公司）发放。

（2）总公司（母公司）向分公司（子公司）派遣的管理人员和技术人员在总公司（母公司）缴纳的社保费用，到税务部门开出一份已缴纳社保的证明单，转交到分公司（子公司）的财务部门存档备查。

（3）分公司（子公司）将总公司（母公司）向分公司（子公司）派遣的管理人员和技术人员在分公司（子公司）发放的工资记录和申报个税记录，打印一份盖上分公司（子公司）的财务专用章提交到总公司（母公司）的财务部门存档备查。

3. 委托社保代缴单位缴纳社保与工资发放单位不一致的协同管理

（1）委托人与工资发放单位签订全日制劳动合同，工资发放单位为委托人按月预扣预缴个人所得税。

（2）委托人委托代缴社保单位代缴社保费用，社保费用由委托人自己承担（国家统筹和个人部分）。

（3）发放工资单位与委托人签订劳动合同时，在合同中的"社保费用"

条款中约定，委托人在社保代缴单位缴纳的社保费用由发放工资单位承担报销，报销的社保费用要依法并入委托人的工资薪金收入预扣预缴个人所得税。

（4）代缴社保单位到税务部门（2019年1月1日后）开具委托人已缴纳社保的证明单，将该证明单交给委托人本人，然后由委托人本人将该已缴纳社保证明单提交给发放工资单位人事部门存档备查。

4. 存在两处工资收入，一处缴纳社保，一处发放工资的协同管理

（1）居民自然人纳税人与发放工资的一个单位签订非全日制用工合同，并与发放工资的另外一处单位签订全日制用工合同。

（2）发放工资的两处单位分别按月预扣预缴个人所得税，但是专项附加扣除的同一项目只能选择在一处发放工资的单位进行扣除。

（3）居民自然人纳税人缴纳社保的单位所在地的税务局开具一份已缴纳社保的证明单，提交给发放工资的另外一处单位人事部门进行存档备查。

（4）如果居民自然人纳税人在一年中两处的工资薪金收入加起来再减专项扣除超过60000元，则选择发放工资的单位所在地税务部门进行个税汇算清缴。

5. 农村居民和城镇居民在户口所在地社保所缴纳社保，在另一单位发放工资的协同管理

（1）农民在户口所在地购买新农合（新型农村合作医疗）和在户口所在地社保所缴纳农村社会保险，进城务工时，用人单位就不用缴纳社保，用人单位只发放农民工工资，依法扣缴个人所得税。

（2）农村居民和城镇居民在户口所在地社保所按照"灵活就业"形式缴纳农村社会保险和城镇居民社会保险，需要在社保所开具已经缴纳社保的证明单，交到发放工资的单位保管备查。

4

建筑劳务公司节约社保费用的五种
秘诀、法律依据和实操要点

党的十九届全国人大二次会议政府工作报告明确提出，基本养老保险参保单位缴纳的比例降低到16%。尽管如此，企业的社保费用负担还是很重的。根据《建筑工人实名制管理办法(试行)》和《国务院促进建筑业持续健康发展的意见》的规定，建筑劳务公司的社保费用和人工成本依然很高，因此，对建筑劳务公司节约社保费用的秘诀进行研究很有必要。

 劳务公司的社保费用成本分析

(一) 相关法律依据规定

肖太寿财税工作室（公众微信号：xtstax）对我国涉及社保的相关法律进行了梳理，总结如下：

1. 失业保险费

城镇企业事业单位招用的农民合同工本人不缴纳失业保险费。《失业保险条例》第六条规定，**城镇企业事业单位按照本单位工资总额的2%缴纳失业保险费，城镇企业事业单位职工按照本人工资的1%缴纳失业保险费。城镇企业事业单位招用的农民合同工本人不缴纳失业保险费。**

2. 工伤保险费和生育保险费

工伤保险费和生育保险由用人单位缴纳，职工个人不缴纳工伤保险费。

《工伤保险条例》（中华人民共和国国务院令第586号）第十条，用人**单位应当按时缴纳工伤保险费。职工个人不缴纳工伤保险费。**

3. 建筑领域的工伤保险由施工总承包单位一次性缴纳

《关于进一步做好建筑业工伤保险工作的意见》（人社部发〔2014〕103号）第四条，"确保工伤保险费用来源"规定如下：**建设单位要在工程概算中将工伤保险费用单独列支，作为不可竞争费，不参与竞标，并在项目开工前由施工总承包单位一次性代缴本项目工伤保险费，覆盖项目使用的所有职工，包括专业承包单位、劳务分包单位使用的农民工。**

《部分行业企业工伤保险费缴纳办法》（中华人民共和国人力资源和社会保障部令第10号）第三条规定，**建筑施工企业可以实行以建筑施工项目为单位，按照项目工程总造价的一定比例，计算缴纳工伤保险费。**

4. 基本医疗保险费

基本医疗保险费的缴纳比例：用人单位按照职工工资总额的10%缴纳，

职工按照本人工资收入的2%由用人单位代扣代缴。

《国务院关于建立城镇职工基本医疗保险制度的决定》（国发〔1998〕44号）规定，基本医疗保险费由用人单位和职工共同缴纳。用人单位缴费率应控制在职工工资总额的6%左右，职工缴费率一般为本人工资收入的2%。具体缴费比例由各统筹地区根据实际情况确定。随着经济发展，用人单位和职工缴费率可作相应调整。目前的比例调整为：用人单位缴费率应控制在职工工资总额的10%左右，职工缴费率一般为本人工资收入的2%。

5. 基本养老保险费

基本养老保险费的缴纳比例：用人单位按照职工工资总额的16%缴纳，职工按照本人工资收入的8%由用人单位代扣代缴。

根据《国务院关于建立统一的企业职工基本养老保险制度的决定》（国发〔1997〕26号）规定，**个人缴纳基本养老保险费的比例，1997年不得低于本人缴费工资的4%，1998年起每两年提高1个百分点，最终达到本人缴费工资的8%**。目前，个人缴纳基本养老保险费的比例统一为本人缴费工资的8%。企业缴纳基本养老保险费的比例，一般不得超过企业工资总额的20%，中共十九届全国人大二次会议政府工作报告明确提出：基本养老保险参保单位缴纳的比例降低到16%。

6. 工伤保险和生育保险

工伤保险和生育保险是工资总额的0.8%和0.5%。

《国务院办公厅关于印发生育保险和职工基本医疗保险合并实施试点方案的通知》（国办发〔2017〕6号）规定：**在河北省邯郸市、山西省晋中市、辽宁省沈阳市、江苏省泰州市、安徽省合肥市、山东省威海市、河南省郑州市、湖南省岳阳市、广东省珠海市、重庆市、四川省内江市、云南省昆明市开展两项保险合并实施试点**。国办发〔2017〕6号第三条第（二）项规定：**生育保险基金并入职工基本医疗保险基金，统一征缴。试点期间，可按照用人单位参加生育保险和职工基本医疗保险的缴费比例之和确定新的用人单位职工基本医疗保险费率，个人不缴纳生育保险费**。

（二）劳务公司的社保成本

通过以上社保政策依据，劳务公司的社保成本如下：

1. **基本养老保险缴纳比例**

劳务公司按照农民工工资总额的16%缴纳基本养老保险，农民工按照本人工资收入的8%由劳务公司代扣代缴。

2. 基本医疗保险缴纳比例

劳务公司按照农民工工资总额的10%缴纳，农民工按照本人工资收入的2%由劳务公司代扣代缴。

3. 工伤保险缴纳比例

劳务公司和农民工不缴纳工伤保险。

4. 失业保险缴纳比例

劳务公司按照农民工工资总额的2%缴纳失业保险费，农民工不缴纳失业保险费。

5. 生育保险缴纳比例

劳务公司按照农民工工资总额的0.5%缴纳，将与基本医疗保险合并，农民工不缴纳生育保险。

基于以上总结，劳务公司的社保成本为：劳务公司按照农民工工资总额的28.5%缴纳，农民工的社保成本为其本人工资总额的10%，总共是38.5%。这个比例对劳务公司而言是很高的成本。因此，劳务公司必须进行筹划，节约社保成本。

二 劳务公司节约社保费用的五种秘诀、法律依据和实操要点

（一）节约社保费用秘诀一：法律依据及操作要点

秘诀一

劳务公司与以小时计酬为主的农民工签订非全日制用工合同，劳务公司和农民工不缴纳社保费用，但劳务公司必须缴纳工伤保险。

秘诀一的法律依据

1. 非全日制用工的法律界定及其内涵

（1）非全日制用工的法律界定。根据新修订的《中华人民共和国劳动合同法》（自2013年7月1日执行）第六十八条、第七十条、第七十一条和第七十二条的规定，有关非全日制用工的规定如下：

①非全日制用工，是指以小时计酬为主，劳动者在同一用人单位一般平均每日工作时间不超过 4 小时，每周工作时间累计不超过 24 小时的用工形式。

②非全日制用工双方当事人不得约定试用期。

③非全日制用工双方当事人任何一方都可以随时通知对方终止用工。终止用工，用人单位不向劳动者支付经济补偿。

④非全日制用工小时计酬标准不得低于用人单位所在地人民政府规定的最低小时工资标准。

⑤非全日制用工劳动报酬结算支付周期最长不得超过 15 日。

（2）非全日制用工的法律内涵。基于以上法律规定，"非全日制用工"的法律界定，是指以小时计酬为主，劳动者在同一用人单位平均每日工作时间不超过 4 小时，每周工作时间累计不超过 24 小时的用工形式。其法律内涵如下：

第一，界定全日制和非全日制劳动关系的决定因素是工作时间。

如果劳动者平均每日工作时间不超过 4 小时、每周累计不超过 24 小时，则劳动者与用人单位建立的属于非全日制劳动关系。否则，则属于全日制劳动关系。**特别提醒读者**：劳动者每天工作时间可以超过 4 个小时，也可以低于 4 个小时，但是每周工作时间累计不超过 24 小时的则为非全日制劳动关系。

第二，非全日制用工的工资支付周期最长为 15 日。

《中华人民共和国劳动合同法》第七十二条第二款规定："**非全日制用工劳动报酬结算支付周期最长不得超过十五日。**"根据此条的规定，与全日制用工要求工资按月发放不同，非全日制用工的工资支付周期最长为 15 日。但是超过 15 日支付工资或按月给非全日制劳动者发放工资，不是全日制用工和非全日制用工的核心区别。因此，超过 15 日支付工资或按月给非全日制劳动者发放工资，不影响非全日制性质，仍然是非全日制用工形式。

第三，非全日制劳动者可以建立双重劳动关系甚至是多重劳动关系。

《中华人民共和国劳动合同法》第六十九条第二款规定："**从事非全日制用工的劳动者可以与一个或者一个以上用人单位订立劳动合同；但是，后订立的劳动合同不得影响先订立的劳动合同的履行。**"基于此规定，非全日制劳动者可以建立双重劳动关系甚至是多重劳动关系，即劳动者可以在 A 企业、B 企业甚至 C 企业同时做几份小时工。

第四，用人单位与非全日制劳动者没有签订书面劳动合同的义务，既可以签书面劳动合同，也可以订立口头协议。

《中华人民共和国劳动合同法》（2017 年修订版）第六十九条第一款规

定："非全日制用工双方当事人可以订立口头协议。"《劳动保障部关于非全日制用工若干问题的意见》（劳社部发〔2003〕12号）第一条第一款规定："从事非全日制工作的劳动者，可以与一个或一个以上用人单位建立劳动关系。用人单位与非全日制劳动者建立劳动关系，应当订立劳动合同。劳动合同一般以书面形式订立。劳动合同期限在一个月以下的，经双方协商同意，可以订立口头劳动合同。但劳动者提出订立书面劳动合同的，应当以书面形式订立。"根据新法优于旧法和上位法优于下位法的法律适用原则的规定，《中华人民共和国劳动合同法》（2017年修订版）优于《劳动保障部关于非全日制用工若干问题的意见》（劳社部发〔2003〕12号）。因此，用人单位使用非全日制劳动者，可以订立非全日制劳动合同，明确其工作时间和双方的劳动权利义务，也可以不签劳动合同，只订立口头协议即可。

第五，与同一单位建立双重非全日制劳动关系的则属于全日制劳动关系。

《中华人民共和国劳动合同法》对非全日制劳动关系的定义，第六十八条界定非全日制用工的工作时间标准时明确提到的一个前提是"劳动者在同一用人单位"，即劳动者因工作时间不超过4小时而成立非全日制劳动关系的前提是在同一用人单位，如果劳动者在同一用人单位的两段工作时间平均每天超过4小时，则显然属于全日制劳动关系。

第六，非全日制用工与全日制用工的两点关键区别。

第一点区别：用人单位与非全日制用工的劳动者签订劳动合同时，合同中不能约定使用期限，而全日制用工与用人单位的劳动合同中必须约定使用期限。

《中华人民共和国劳动法》第19条规定：劳动合同期限三个月以上不满一年的，试用期不得超过一个月；劳动合同期限一年以上不满三年的，试用期不得超过二个月；三年以上固定期限和无固定期限的劳动合同，试用期不得超过六个月。同一用人单位与同一劳动者只能约定一次试用期。以完成一定工作任务为期限的劳动合同或者劳动合同期限不满三个月的，不得约定试用期。试用期包含在劳动合同期限内。劳动合同仅约定试用期的，试用期不成立，该期限为劳动合同期限。

第二点区别：非全日制用工双方当事人任何一方都可以随时通知对方终止用工，用人单位不向劳动者支付经济补偿金。全日制用工与用人单位签订的劳动合同，如果用人单位出现《中华人民共和国劳动法》终止劳动合同关系的情形，必须支付经济补偿金。

2. 非全日制用工的社保问题处理

（1）用工单位无须给非全日制劳动者交纳基本养老保险费和基本医疗保险费。《劳动保障部关于非全日制用工若干问题的意见》（劳社部发〔2003〕12号）第二条"关于非全日制用工的工资支付"的第8项规定："**非全日制用工的小时最低工资标准由省、自治区、直辖市规定，并报劳动保障部备案。确定和调整小时最低工资标准应当综合参考以下因素：当地政府颁布的月最低工资标准；单位应缴纳的基本养老保险费和基本医疗保险费（当地政府颁布的月最低工资标准未包含个人缴纳社会保险费因素的，还应考虑个人应缴纳的社会保险费）。**"

基于此规定，在非全日制用工中，用人单位为劳动者支付的小时工资里已包括正常工资以及基本养老保险、基本医疗保险费用部分。因此，用人单位无须再向社会保险机构为劳动者另行缴纳养老保险以及医疗保险，因为非全日制用工和灵活就业人员身份是自愿参保的，参加的基本养老和基本医疗保险费用全部由其个人缴纳。

（2）用人单位负有为非全日制用工缴纳工伤保险的义务。《劳动保障部关于非全日制用工若干问题的意见》（劳社部发〔2003〕12号）第三条"关于非全日制用工的社会保险"第12项规定："**用人单位应当按照国家有关规定为建立劳动关系的非全日制劳动者缴纳工伤保险费。**"基于此规定，用人单位负有为非全日制用工缴纳工伤保险的义务，但是对于建筑领域的劳务公司和专业分包单位不缴纳工伤保险，因此工伤保险全部由建筑总承包方在项目开工前一次性缴纳。

秘诀一的操作要点

第一，建筑企业工程项目部的钢筋工、模板工、水泥混凝土工、砌筑工、抹灰工、架子工、防水工、水电暖安装工、油漆工、外墙保温工等都是按照小时计算劳动报酬的。只要符合非全日制用工的条件，劳务公司可以与从事以上工种的农民工签订非全日制用工协议书，协议中约定：每小时的劳动报酬、每周工作时间不超过24小时。

第二，劳务公司与符合非全日制用工条件的农民工可以订立口头协议，也可以签订非全日制的劳动合同。对于非全日制用工形式，劳务公司不缴纳工伤保险、基本养老和基本医疗保险费用，由非全日制用工的农民工本人直接回其户口所在地社保所缴纳基本养老和基本社会保险费。

《关于进一步做好建筑业工伤保险工作的意见》（人社部发〔2014〕103号）确保工伤保险费用来源规定，**建设单位要在工程概算中将工伤保险费用**

单独列支，作为不可竞争费，不参与竞标，并在项目开工前由施工总承包单位一次性代缴本项目工伤保险费，覆盖项目使用的所有职工，包括专业承包单位、劳务分包单位的农民工。基于此规定，劳务公司不缴纳分包项目的工伤保险。

第三，非全日制用工合同的范本如下：

示范文本

编号：_____
劳动合同书
（非全日制从业人员使用）

甲　方：
乙　方：
签订日期：　　　　年　　月　　日

根据《中华人民共和国劳动合同法》和《中华人民共和国社会保险法》有关法律、法规，甲乙双方经平等自愿、协商一致签订本非全日制用工劳动合同，共同遵守本合同所列条款。

第一条　甲方
法定代表人（主要负责人）或委托代理人：
注册地址：
经营地址：
第二条　乙方
性别：
户籍类型（非农业、农业）：
居民身份证号码或者其他有效证件名称证件号码：
在甲方工作起始时间：　　　年　月　日
家庭住址：
邮政编码：
户口所在地：　　　　省（市）　　　区（县）　　　街道（乡镇）

第三条 合同期限：本合同非全日制用工劳动合同，没有试用期，自
　　　 年 月 日至　 年 月 日止。

第四条 乙方同意根据甲方工作需要，担任以下工作：

甲方根据工作要求对乙方进行必要的职业技能培训。乙方应当努力提高职业技能，按岗位要求完成工作任务。

第五条 乙方的工作时间

乙方每周工作____日，分别为周____；每日工作 4 小时以内，累计每周工作时间不超过 24 小时。

第六条 劳动报酬支付标准

劳动报酬标准为每小时____元。甲方发给乙方的工资不得低于当地政府公布的非全日制劳动者最低小时工资标准。

第七条 劳动报酬结算支付

乙方完成本合同约定的工作内容后，甲方应当以货币形式足额向乙方支付劳动报酬，甲方向乙方结算支付劳动报酬的周期不得超过 15 日。如果资金紧张，甲方向乙方结算支付劳动报酬的时间是一个月。

支付劳动报酬的其他约定：

第八条 社会保险费用

甲方应当按照当地政府有关工伤保险的规定为乙方缴纳工伤保险费。甲方无需向社会保险机构为乙方另行交纳基本养老保险以及医疗保险，如果乙方自愿缴纳社保保险，乙方直接向社会保险费征收机构缴纳社会保险费。

第九条 甲方根据生产岗位的需要，按照国家有关劳动安全、卫生的规定对乙方进行安全卫生教育和职业培训，并为乙方提供以下劳动条件：

_____

第十条 甲方应当建立、健全职业病防治责任制，加强对职业病防治的管理，提高职业病防治水平。

第十一条 甲乙双方可以随时终止劳动合同。根据《中华人民共和国劳动合同法》第七十一条的规定，非全日制用工双方当事人任何一方都可以随时通知对方终止用工。终止用工，甲方（用人单位）不向乙方（劳动者）支付经济补偿。

第十二条 双方因履行本合同发生争议，当事人可以向甲方劳动争议调解委员会申请调解；调解不成的，可以向劳动人事争议仲裁委员会申请仲裁。

当事人一方也可以直接向劳动争议仲裁委员会申请仲裁。

第十三条 本合同的附件如下：

_____

_____

第十四条 本合同未尽事宜或与今后国家有关规定相悖的，按有关规定执行。

第十五条 本合同一式两份，甲乙双方各执一份。

甲方（公章）　　　　　　　乙方（签字或盖章）

法定代表人（主要负责人）或委托代理人

（签字或盖章）

签订日期：　　年　　月　　日

（二）节约社保费用秘诀二：法律依据及操作要点

秘诀二

对于没有实施农民工工资专用账户管理的建筑项目，劳务公司和长期与劳务公司合作的农民工本人签订劳务专业作业分包协议，将劳务报酬控制在月收入 20000 元以内，按小额零星业务支出的税收政策规定处理，农民工不需要到税务局代开发票给劳务公司作为成本核算依据。

秘诀二的法律依据

1. 小额零星业务支出的增值税和企业所得税处理

《企业所得税税前扣除凭证管理办法》（国家税务总局 2018 年公告第 28 号）第九条第二款规定："对方为依法无需办理税务登记的单位或者从事小额零星经营业务的个人，其支出以税务机关代开的发票或者收款凭证及内部凭证作为税前扣除凭证，收款凭证应载明收款单位名称、个人姓名及身份证号、支出项目、收款金额等相关信息。小额零星经营业务的判断标准是个人从事应税项目经营业务的销售额不超过增值税相关政策规定的起征点。"

增值税起征点的幅度是如何规定的？根据《财政部关于修改〈中华人民共和国增值税暂行条例实施细则〉和〈中华人民共和国营业税暂行条例实施

细则〉的决定》（财政部令第 65 号）第一条规定，将《中华人民共和国增值税暂行条例实施细则》第三十七条第二款修改为：**增值税起征点的幅度规定如下：**

（一）销售货物的，为月销售额 5000~20000 元。

（二）销售应税劳务的，为月销售额 5000~20000 元。

（三）按次纳税的，为每次（日）销售额 300~500 元。

根据《财政部　国家税务总局关于全面推开营业税改征增值税试点的通知》（财税〔2016〕36 号）文件附件一《营业税改征增值税试点实施办法》第五十条规定，增值税起征点幅度如下：

（一）按期纳税的，为月销售额 5000~20000 元（含本数）。

（二）按次纳税的，为每次（日）销售额 300~500 元（含本数）。

国家税务总局 2018 年公告第 28 号第十条，企业在境内发生的支出项目**不属于应税项目的，对方为单位的，以对方开具的发票以外的其他外部凭证作为税前扣除凭证；对方为个人的，以内部凭证作为税前扣除凭证**。依据国家税务总局 2018 年公告第 28 号文件第九条第二款的规定，**销售方为"无需办理税务登记的单位或者从事小额零星经营业务的个人"时，可以用收款凭证及内部凭证作为税前扣除凭证**，即在这种情况下，没有发票也可以税前扣除。

基于以上税收政策规定，农民工与劳务公司签订劳务专业作业分包合同，每月的劳务报酬支出控制在 20000 元以内，则劳务公司支付给农民工的劳务费用，不要农民工去施工项目所在地的税务局代开发票给劳务公司计入成本，只要农民工本人签字的劳务款收款收据和身份证复印件即可以在劳务公司计入成本，在劳务公司的企业所得税前进行扣除。

2. 农民工的劳务报酬的个税处理

（1）农民工从事的是装潢、安装劳务，则按照劳务报酬所得计征个人所得税。

《中华人民共和国个人所得税法实施条例》（中华人民共和国国务院令第 707 号）第六条第（二）项规定：劳务报酬所得，是指个人从事劳务取得的所得，包括从事设计、装潢、安装、制图、化验、测试、医疗、法律、会计、咨询、讲学、翻译、审稿、书画、雕刻、影视、录音、录像、演出、表演、广告、展览、技术服务、介绍服务、经纪服务、代办服务以及其他劳务取得的所得。因此，农民工从事的是装潢、安装劳务，则按照劳务报酬所得计征个人所得税。

《中华人民共和国个人所得税法》（中华人民共和国主席令第9号）第九条规定，个人所得税以所得人为纳税人，以支付所得的单位或者个人为扣缴义务人。纳税人有中国公民身份号码的，以中国公民身份号码为纳税人识别号；纳税人没有中国公民身份号码的，由税务机关赋予其纳税人识别号。扣缴义务人扣缴税款时，纳税人应当向扣缴义务人提供纳税人识别号。

根据《个人所得税扣缴申报管理办法（试行）》（国家税务总局公告2018年第61号）第八条规定，**扣缴义务人向居民个人支付劳务报酬所得、稿酬所得、特许权使用费所得时，应当按照以下方法按次或者按月预扣预缴税款。**其中根据国家税务总局公告2018年第61号第十一条的规定，**劳务报酬所得属于一次性收入的，以取得该项收入为一次；属于同一项目连续性收入的，以一个月内取得的收入为一次。**

基于此税法规定，农民工与劳务公司签订装潢、安装劳务专业作业分包合同支付农民工劳务报酬的个人所得税的扣缴义务人为劳务公司，劳务公司按月预扣预缴个人所得税。

（2）农民工从事的除装潢、安装之外的劳务，则农民工按照"经营所得"计征个人所得税。全国各省的税收政策都规定，自然人每月的"经营所得"在3万元以内都不征个人所得税。

《中华人民共和国个人所得税法实施条例》第六条第（五）项规定，**经营所得，是指：个人通过在中国境内注册登记的个体工商户、个人独资企业、合伙企业从事生产、经营活动取得的所得；个人依法取得执照，从事办学、医疗、咨询以及其他有偿服务活动取得的所得；个人承包、承租、转包、转租取得的所得；个人从事其他生产、经营活动取得的所得。**基于此规定，农民工从事的除装潢、安装之外的劳务，则农民工按照"经营所得"计征个人所得税。

秘诀二的操作要点

第一，劳务公司和与其长期合作并具有一定专业技术的农民工签订专业作业劳务分包协议，协议中的"劳务款结算"条款中约定：每月依照劳务工程量进行进度结算，结算劳务款在20000元以内，超过部分的劳务量在下一个月进行结算。

第二，劳务公司每月支付农民工劳务结算款时，如果农民工从事的是安装、装潢业务，则劳务公司依法按月预扣预缴农民工的个人所得税。具体操作细节如下：

首先，劳务报酬所得以每次收入减除费用后的余额作为收入额，以每次收入额为预扣预缴应纳税所得额，计算应预扣预缴税额。

其次，在预扣预缴环节，劳务报酬所得每次收入不超过 4000 元的，费用按 800 元计算；每次收入 4000 元以上的，费用按 20% 计算。

再次，劳务报酬所得应预扣预缴税额＝预扣预缴应纳税所得额×预扣率－速算扣除数（劳务报酬所得适用个人所得税预扣率见表 4-1）。

表 4-1　个人所得税预扣率表二
（居民个人劳务报酬所得预扣预缴适用）

级数	预扣预缴应纳税所得额	预扣率（%）	速算扣除数
1	不超过 2000 元	20	0
2	不超过 20000 元至 50000 元的部分	30	2000
3	超过 50000 元的部分	40	7000

最后，劳务公司给农民工进行个税汇算清缴，进行退个税。

由于农民工的劳务报酬所得每月由劳务公司预扣预缴个税时，不可以扣除专项附加扣除，只能在个税汇算清缴时进行扣除，因此，根据《中华人民共和国个人所得税法实施条例》（中华人民共和国国务院令第 707 号）第二十五条和《国家税务总局关于个人所得税自行纳税申报有关问题的公告》（国家税务总局公告 2018 年第 62 号）的规定，**农民工一年中的劳务报酬收入减除专项扣除（如果有"三险一金"）的余额超过 6 万元，必须进行个人所得税汇算清缴。劳务公司平常每月预扣农民工的劳务报酬的个税时，劳务公司没有扣除农民工的基本扣除费用 5000 元和专项附加扣除，导致平常劳务公司给农民工的劳务报酬多预扣个税，从而必须在次年的 3 月 31 日至 6 月 30 日之间为农民工做个税汇算清缴，退多缴纳的个税，退的个税由税务机关通过系统自动退到农民工本人的卡里。**

肖太寿财税工作室（公众微信号：xtstax）特别提醒

如果劳务报酬的获得者（农民工）到税务局代开发票给支付劳务报酬的单位做成本时，一般由税务局核定代征了个人所得税，则用人单位不再为获得劳动报酬的劳动者（农民工）代扣代缴个人所得税。

（3）基于劳务公司与农民签订的是专业作业劳务分包协议，不是劳动合同，不构成缴纳的社会保险的重要要件：劳动合同。因此，劳务公司不需要缴纳社保费用，农民工本人也不缴纳社保费用。

案例分析

只取得劳务报酬所得且年收入扣除专项扣除超过 6 万元的个税处理

（一）案情介绍

张华在 B 公司每月取得劳务报酬 10000 元。张华在其户口所在地社保所自行缴纳社保费用，其中张华一年中发生的存入个人账户部分的"三险一金"12000 元，一年的专项附加扣除费用 48000 元。在汇算清缴时，张华如何进行个税处理？

（二）张华劳务报酬个税的处理分析

1. 张华在 B 公司获得劳务报酬应纳税所得额的计算

根据《个人所得税扣缴申报管理办法（试行）》（国家税务总局公告 2018 年第 61 号）第八条的规定，在预扣预缴环节，劳务报酬所得每次收入不超过 4000 元的，费用按 800 元计算；每次收入 4000 元以上的，费用按 20% 计算。因此，张华在 B 公司的应纳税所得额计算如下：

张华在 B 公司的应纳税所得额 = 10000×80% = 8000（元）

2. 张华在 B 公司获得的劳务报酬预扣预缴个税的计算

依据个人所得税预扣率表二（见表 4-1）预扣预缴个税。

张华在 B 公司获得的劳务报酬预扣预缴个税 = 8000×20%×12 = 19200（元）

3. 张华个人所得税汇算清缴的处理

（1）汇算清缴的条件判断。

张华一年的劳务报酬综合所得收入额 - 12000 = 10000（1 - 20%）×12 - 12000 = 84000（元）> 60000（元），符合汇算清缴的条件，因此，张华必须在次年的 3 月 1 日至 6 月 30 日之前进行个人所得税的汇算清缴。

（2）张华一年的应纳税所得额的计算。

张华一年的应纳税所得额 = 收入额 - 减除费用（60000）- 专项扣除 - 专项附加扣除 - 其他扣除 = 10000（1 - 20%）×12 - 60000 - 12000 - 48000 = -24000（元）

因此，张华一年的劳务报酬收入不缴纳个人所得税。

（3）张华申请退税。

通过以上全年汇算清缴计算，张华申请退税 19200 元。

第三，劳务公司每月支付农民工的劳务结算款时，如果农民工从事的除安装、装潢业务之外的劳务，则农民工的劳务结算款，按照"经营所得"计征个人所得税，但是全国各省的税收政策都规定，每月个人的经营所得在3万元以内是不征个人所得税。

（三）节约社保费用秘诀三：法律依据及操作要点

秘诀三

劳务公司让长期与其合作且工作时间超过一年以上的农民工，去单独注册一个无雇工的个体工商户，无雇工个体工商户到注册所在地的税务部门购买税控机和税控盘，每月给劳务公司开具 10 万元以下的普通增值税发票。

秘诀三的法律依据分析

1. 无雇工的个体工商户每月开具 10 万元以内（按季开 30 万元以内）的增值税普通发票免增值税

《国家税务总局关于小规模纳税人免征增值税政策有关征管问题的公告》（国家税务总局 2019 年公告第 4 号）第一条、《财政部、国家税务总局关于实施小微企业普惠性税收减免政策的通知》（财税〔2019〕13 号）第一条的规定，小规模纳税人发生增值税应税销售行为，合计月销售额未超过 10 万元（以 1 个季度为 1 个纳税期的，季度销售额未超过 30 万元）的，免征增值税。

2. 无雇工的个体工商户不缴纳社保费用

根据《中华人民共和国社会保险法》（中华人民共和国主席令第 35 号）第十条第二款和第二十三条第二款的规定，**无雇工的个体工商户、未在用人单位参加职工基本医疗保险的非全日制从业人员以及其他灵活就业人员可以参加职工基本医疗保险和基本养老保险，由个人按照国家规定缴纳基本养老保险费用和基本医疗保险费。**

同时，《中华人民共和国社会保险法》（中华人民共和国主席令第 35 号）第五十八条第二款和第六十条第二款的规定，**自愿参加社会保险的无雇工的个体工商户、未在用人单位参加社会保险的非全日制从业人员以及其他灵活就业人员，应当向社会保险经办机构申请办理社会保险登记。无雇工的个体工商户、未在用人单位参加社会保险的非全日制从业人员以及其他灵活**

就业人员，可以直接向社会保险费征收机构缴纳社会保险费。

因此，无雇工的个体工商户可以不缴纳社保保险，即使要缴纳社保，也由无雇工的个体工商户自己向社会保险费征收机构缴纳社会保险费。

秘诀三的操作要点

第一，长期与其合作且工作时间超过一年以上的农民工，到其户籍所在地或施工项目所在地的工商局注册一个无雇工的个体工商户。

第二，注册无雇工的个体工商户后，到注册地的税务部门购买税控机和税控盘，安装完毕后，向税务局购买增值税发票，每月给劳务公司开具 10 万元以下的普通增值税发票，享受免增值税的红利。

肖太寿财税工作室（公众微信号：xtstax）温馨提示

根据《国家税务总局关于小规模纳税人免征增值税政策有关征管问题的公告》（国家税务总局 2019 年公告第 4 号）和《国家税务总局关于扩大小规模纳税人自行开具增值税专用发票试点范围等事项的公告》（国家税务总局公告 2019 年第 8 号）的规定，小规模的个体工商户也可以对外开具增值税专用发票，但是开具增值税专用发票不可以享受每月开具 10 万元（按季度开具 30 万元）以下的普通增值税发票，免增值税的税收优惠政策。

第三，劳务公司与无雇工的个体工商户签订劳务专业作业分包合同。

第四，无雇工的个体工商户的个人所得税都是按照当地税务部门的政策规定，选择核定定率或核定定额征收个人所得税。

例如，《国家税务总局内蒙古自治区税务局关于核定征收个人所得税有关问题的公告》（国家税务总局内蒙古自治区税务局公告 2018 年第 19 号）规定，收入总额不超过 90000 元/季（30000 元/月）的，不缴纳个人所得税。建筑房地产的个人所得税核定征收率为 1.2%。

《国家税务总局吉林省税务局关于经营所得项目个人所得税核定征收有关问题的公告》（国家税务总局吉林省税务局公告 2019 年第 1 号）规定，月收入额在 5 万元以下的（含）的核定征收率为 0%，即月收入额 5 万元以下的个体工商户不交个人所得税。月收入额 10 万元以上的个人核定征收率为 1.2%，月收入在 5 万元至 10 万元的个人核定征收率为 0.5%。

《国家税务总局广西壮族自治区税务局关于经营所得核定征收个人所得

税有关事项的公告》（国家税务总局广西壮族自治区税务局公告 2018 年第 23 号）规定：**按月 30000 元（含）以下，或按季 90000 元（含）以下的个体工商户的个人所得税的核定征收率为 0%，即按月 30000 元（含）以下，或按季 90000 元（含）以下的个体工商户不交个人所得税。按月 30000 元（不含）至 50000 元（含），或按季 90000 元（不含）至 150000 元（含）的个人所得税的核定征收率为 0.5%**。

（四）节约社保费用的秘诀四：法律依据及操作要点

秘诀四

劳务公司与班组长签订劳务承包、劳务分包合同，班组长去税务局代开建筑劳务发票给劳务公司入账。

秘诀四的法律依据

1. 无须税务登记的个人可以到税务机关代开发票

《企业所得税税前扣除凭证管理办法》（国家税务总局 2018 年公告第 28 号）第九条第二款规定：**"对方为依法无需办理税务登记的单位或者从事小额零星经营业务的个人，其支出以税务机关代开的发票或者收款凭证及内部凭证作为税前扣除凭证。"**因此，班组长是自然人，没有税务登记，发生业务应到税务局代开发票给劳务公司入账。

2. 无劳动关系不构成缴纳社保费用的法律要件

根据《中华人民共和国社会保险法》的规定，依法社保登记必须是劳动者与用人单位建立劳动关系，而班组长是个人不是公司，也不是用人单位，其管辖的每一个农民工无法进行社保登记，因此，班组长所管辖的每位农民工不缴纳社保，如果要缴纳社保由农民工本人回其户口所在地自行缴纳社保费用。关于班组长和其管辖的农民工的个税在代开发票时，根据当地税务局的规定，按照代开发票的金额（不含增值税）的一定比例代征个人所得税。

秘诀四的操作要点

第一，劳务公司与班组长签订劳务专业作业分包合同。

第二，班组长到工程所在地的税务局代开增值税普通发票给劳务公司计入成本。

第三，班组长在税务局代开发票时，会依据当地政府的规定，按照开发票金额（不含增值税）的一定比例代征个人所得税，劳务公司不再代扣代缴个人所得税。

（五）节约社保费用秘诀五：法律依据及操作要点

秘诀五

劳务公司与在户口所在地的社保所已经缴纳了农村社保（农村医疗保险和农村养老保险）的农民工签订全日制的劳动合同。

秘诀五的法律依据

《国务院关于印发医药卫生体制改革近期重点实施方案（2009～2011年）的通知》（国发〔2009〕12号）进一步明确，**积极推进城镇非公有制经济组织从业人员、灵活就业人员和农民工参加城镇职工医疗保险，灵活就业人员自愿选择参加城镇职工医疗保险或城镇居民医疗保险，参加城镇职工医疗保险有困难的农民工，可以自愿选择参加城镇居民医疗保险或户籍所在地的新型农村合作医疗**。基于此规定，进城市务工的农民工，因流动性大而参加城镇职工医疗保险有困难，因此可以自愿选择户籍所在地的新型农村合作医疗。

《失业保险条例》第六条规定，**城镇企业事业单位按照本单位工资总额的2%缴纳失业保险费，城镇企业事业单位职工按照本人工资的1%缴纳失业保险费。城镇企业事业单位招用的农民合同工本人不缴纳失业保险费。**

基于以上法律规定，进城市务工的农民可以自愿选择在其户口所在地的社保所缴纳新农保。

秘诀五的操作要点

第一，劳务公司与在户口所在地的社保所已经缴纳了农村社保（农村医疗保险和农村养老保险）的农民工签订全日制的劳动合同。

第二，劳务公司让农民工到其缴纳农村社保的社保局开出一份已缴纳社保的证明单，将该已缴纳社保证明单交到劳务公司办公室存档备查。则农民工回到城市务工不需要缴纳城镇职工社保费用，劳务公司也不需要为农民工缴纳社保费用。

第三，劳务公司可以在与农民签订全日制劳动合同时，在劳动合同中的"社保费用"条款中约定：**劳务公司承担报销农民工在其户口所在的社保所缴纳的社保费用（含国家统筹和个人承担的社保费用），农民工在其户口所在地缴纳的社保费用凭证必须交给劳务公司作为进行财务核算的凭证。**

5

建筑劳务公司承接业务的法务、财务、税务和社保处理

根据《国务院办公厅关于促进建筑业持续健康发展的意见》（国办发〔2017〕19 号）和《关于培育新时期建筑产业工人队伍的指导意见》（征求意见稿）（建办市函〔2017〕763 号）的规定，建筑劳务公司将面临转型为建筑劳务总承包企业、建筑劳务平台公司、建筑劳务专业作业企业。

 一 建筑劳务用工制度改革

建筑劳务用工制度的改革方向为取消建筑劳务资质，建立告知备案制的专业作业企业。《国务院办公厅关于促进建筑业持续健康发展的意见》（国办发〔2017〕19 号）第六条第（十二）项"改革建筑用工制度"规定："推动建筑业劳务企业转型，大力发展木工、电工、砌筑、钢筋制作等以作业为主的专业企业。以专业企业为建筑工人的主要载体，逐步实现建筑工人公司化、专业化管理。鼓励现有专业企业进一步做专做精，增强竞争力，推动形成一批以作业为主的建筑业专业企业。"基于此规定，现有建筑企业施工中具有多年实践经验并专门从事建筑工地上的钢筋工、模板工、水泥混凝土工、砌筑工、抹灰工、架子工、防水工、水电暖安装工、油漆工、外墙保温工等农民工，完全可以在其户口所在地或经常居住地的工商部门注册为个体工商户。

《关于培育新时期建筑产业工人队伍的指导意见（征求意见稿）》（建办市函〔2017〕763 号）第二条第（二）项"大力发展专业作业企业"规定："鼓励和引导现有劳务班组或有一定技能和经验的班组长成立以作业为主的专业公司或注册个体工商户，作为建筑工人的合法载体，促进建筑业农民工向技术工人转型，提高建筑工人的归属感。取消建筑施工劳务资质审批，设立专业作业企业资质，实行告知备案制。专业作业企业取得工商登记后，应到县级住房城乡建设主管部门备案其基本情况、联系人等信息，并明确所从事的主要工种；县级住房城乡建设部门根据备案信息核发专业作业企业资质证书，专业作业企业在资质证书许可范围内从事专业作业分包。"第二条第（三）项"引导劳务企业转型发展"规定："放宽市场准入限制，鼓励有一定组织、管理能力的劳务企业通过引进人才、设备等途径向总承包和专业企业转型；鼓励大中型劳务企业充分利用自身优势搭建劳务用工平台，为施工企业提供合格的建筑工人；引导小微型劳务企业向专业作业企业转型发展，做专做精专业作业，成为建筑业用工主体。"

目前已有陕西、安徽、浙江、山东、江苏、青海、黑龙江七省正在推进试点取消建筑劳务资质。

《关于培育新时期建筑产业工人队伍的指导意见（征求意见稿）》（建办市函〔2017〕763号）明确提道："**取消建筑施工劳务资质审批，设立专业作业企业资质，实行告知备案制。**"

基于以上政策规定，从事建筑劳务的劳务公司将在全国全面取消劳务资质是大势所趋，劳务公司将转型为建筑专业作业企业，个体工商户可以从事建筑劳务的业务。因此，现有劳务班组或有一定技能和经验的班组长可以成立以作业为主的专业公司或注册个体工商户。具体的操作流程如下：取得工商登记后，应到县级住房城乡建设主管部门备案其基本情况、联系人等信息，并明确所从事的主要工种。县级住房城乡建设部门根据备案信息核发专业作业企业资质证书。

二 建筑劳务公司可承接的四种合法性业务

（一）相关法律依据分析

《住房和城乡建设部关于印发建筑工程施工发包与承包违法行为认定查处管理办法的通知》（建市规〔2019〕1号）第12条第（一）项规定："**承包单位将其承包的工程分包给个人的，是违法分包行为。**"第12条第（四）项规定："**专业分包单位将其承包的专业工程中非劳务作业部分再分包的，是违法分包行为。**"第12条第（五）项规定："**专业作业承包人将其承包的劳务再分包的，是违法分包行为。**"第12条第（六）项规定："**专业作业承包人除计取劳务作业费用外，还计取主要建筑材料款和大中型施工机械设备、主要周转材料费用的，是违法分包行为。**"基于此规定，专业分包单位（分包人包工包料）可以就专业工程中的劳务作业部分再进行分包是合法行为，或者专业分包单位（分包人包工包料）可以就专业工程中的部分辅料和劳务作业部分再进行分包是合法行为。但是，如果劳务公司转型为劳务总承包企业，则劳务总承包企业可以将其承包的劳务分包给专业作业企业、作业专业的个体工商户和专业作业的建筑技术工人是合法行为；如果劳务公司转型为专门从事建筑项目工地上的钢筋工、模板工、水泥混凝土工、砌筑工、抹灰工、架子工、防水工、水电暖安装工、油漆工、外墙保温工等专业作业的劳务专业作业企业，则劳务专业作业企业将其承包的专业作业劳务再分包给作业专业的个体工商户和专业作业的建筑技术工人是违法行为。

《住房和城乡建设部关于印发建筑工程施工发包与承包违法行为认定查处管理办法的通知》（建市规〔2019〕1号）第19条规定：**"施工总承包单位、专业承包单位均指直接承接建设单位发包的工程的单位；专业分包单位是指承接施工总承包或专业承包企业分包专业工程的单位；承包单位包括施工总承包单位、专业承包单位和专业分包单位。"**

《住房和城乡建设部关于印发建筑工程施工发包与承包违法行为认定查处管理办法的通知》（建市规〔2019〕1号）第8条第（五）项规定：**"专业作业承包人承包的范围是承包单位承包的全部工程，专业作业承包人计取的是除上缴给承包单位'管理费'之外的全部工程价款的，是违法转包行为。"** 第8条第（八）项规定：**"专业作业的发包单位不是该工程承包单位的，是违法转包行为。"** 基于此规定，施工总承包单位、专业承包单位和专业分包单位将承包的工程全部交给劳务公司（专业作业承包人）施工，只向劳务公司（专业作业承包人）收取一定的管理费用的行为是违法转包行为。

（二）建筑劳务公司可承接业务的四种合法业务

根据以上法律依据分析，建筑劳务公司承接以下四种业务是合法的：

第一，建筑劳务公司与施工总承包单位、专业承包单位和专业分包单位签订纯劳务作业的分包合同。

第二，如果劳务公司转型为专业作业的劳务公司，则专业作业劳务公司与班组长或自然人包工头签订内部承包协议，同时符合以下三个条件的劳务承包行为是合法的：①班组长或自然人包工头以专业作业劳务公司的名义对外经营。②以专业作业的劳务公司对外承担民事法律责任。③班组长或自然人包工头只向专业作业的劳务公司上交一定的管理费用，扣除成本和税费后的经营所得归班组长或自然人包工头所有；或者班组长和自然人包工头负责生产经营全过程活动，获得固定的劳动报酬和绩效考核奖，承包经营成果归专业作业的劳务公司所有。

第三，劳务公司（实质上是具有不同专业作业资质的劳务总承包企业）与施工总承包单位、专业承包单位和专业分包单位方签订含有部分辅料和纯劳务部分的劳务分包合同。

第四，如果劳务公司转型为具有不同专业作业资质的劳务总承包企业，则劳务公司与不同专业作业的个体工商户或小微企业签订的专业作业分包合同是合法的。

 ## 三 建筑劳务公司承接四种合法业务的财税和社保问题的处理

（一）建筑劳务公司与施工总承包单位、专业承包单位和专业分包单位

建筑劳务公司与施工总承包单位、专业承包单位和专业分包单位签订纯劳务作业的分包合同或者劳务公司（实质上是具有不同专业作业资质的劳务总承包企业）与施工总承包单位、专业承包单位和专业分包单位方签订含有部分辅料和纯劳务部分的劳务分包合同的财税和社保问题的处理。

1. 财务处理

（1）在建筑劳务公司与施工总承包单位、专业承包单位和专业分包单位与劳务公司签订劳务分包合同的情况下，劳务公司根据财税〔2016〕36号文件的规定，选择简易计税方法，直接向施工总承包单位、专业承包单位和专业分包单位开具3%的增值税专用（普通）发票，施工总承包单位、专业承包单位和专业分包单位直接凭劳务公司开具的增值税发票进成本，在"工程施工——分包成本——人工费用"科目进行成本核算。

（2）施工总承包单位、专业承包单位和专业分包单位将劳务款通过公对公账户转入劳务公司的基本账户，劳务公司根据向发包方开具的发票金额做收入，在"主营业务收入"或"应收账款——劳务款"科目核算。

2. 税务处理

第一，如果劳务分包合同中约定施工总承包方、专业承包方或专业分包方代发农民工工资的情况下，则约定劳务公司企业在向施工总承包方、专业承包方或专业分包方开具增值税专用发票时，在发票备注栏打印"含施工总承包方、专业承包方或专业分包方代付农民工工资××××元"，施工总承包方、专业承包方或专业分包方将银行盖章的农民工资发放流水单交给劳务公司（专业作业承包单位），劳务公司（专业作业承包单位）将该银行盖章的农民工资发放流水单与增值税发票存根联一同装订备查。

第二，劳务分包企业（专业作业承包单位）在向施工总承包方、专业承

包方或专业分包方开具增值税专用发票时，在发票备注栏打印"项目所在地的县、市（区）和项目的名称"。

第三，劳务分包企业向施工总承包方和专业承包方或专业分包方开具3%税率的增值税专用（普通）发票。

3. 社保费用的处理方法

（1）方法一。依照《中华人民共和国劳动合同法》第六十八条至第七十二条有关"非全日制用工合同"的规定，劳务公司与劳动者签订非全日制用工合同。根据《中华人民共和国社会保险法》（中华人民共和国主席令第35号）第十条第二款和第二十三条第二款以及《劳动保障部关于非全日制用工若干问题的意见》（劳社部发〔2003〕12号）第二条"关于非全日制用工的工资支付"的第8项的规定，在非全日制用工中，用人单位或劳务公司为劳动者支付的小时工资里已包括正常工资以及基本养老保险、基本医疗保险费用部分，用人单位无须再向社会保险机构为非全日制用工的劳动者另行交纳养老保险以及医疗保险。具体操作要点如下：

第一，劳务公司应该对劳务公司承接的业务中的一些岗位进行梳理，只要一个星期工作时间不超过24小时，每天工作时间不超过4小时，一个月工作时间不超过96小时（每天工作时间可以超过4小时，也可以低于4小时，但是保证每星期不超过24小时即可）的工种，如建筑企业工程项目部的钢筋工、模板工、水泥混凝土工、砌筑工、抹灰工、架子工、防水工、水电暖安装工、油漆工、外墙保温工等都是按照小时计算劳动报酬，对于这些小时工种，劳务公司与劳动者签订非全日制用工的劳动合同。根据《中华人民共和国劳动合同法》第六十九条的规定，非全日制用工双方当事人可以订立口头协议，即劳务公司与非全日制劳动者可以不签订劳动合同，订立口头协议即可。

第二，劳务公司统一制定"非全日制用工劳动合同的示范文本"。

（2）方法二。劳务公司与不符合签订非全日制用工合同且工作时间在一年以内的农民工本人（或劳动者）签订劳务合同，每月控制给农民工劳务结算款在20000元以内，按照国家税务总局2018年28号文件的规定，小额零星支出的税前扣除凭证是内部收款凭证——农民工劳务结算单，结算单上写明农民的姓名、身份证件号码、手机号码、劳务款。

由于劳务公司与劳动者本人签订的是劳务合同而不是劳动合同，劳务公司与劳动者本人不是雇佣和被雇佣的劳动关系，根据《中华人民共和国劳动合同法》和《中华人民共和国社会保险法》的规定，劳务公司不缴纳社保费用（基本医疗保险和基本社会保险费用）。根据国家税务总局公告2018年第28号文件第九条的规定，从事小额零星经营业务的个人，其支出以收款凭证及内部凭证作为税前扣除凭证，收款凭证应载明收款单位名称、个人姓名及身份证号、支出项目、收款金额等相关信息。小额零星经营业务的判断标准是个人从事应税项目经营业务的销售额不超过增值税相关政策规定的起征点。因此，劳务公司与不符合签订非全日制用工合同且工作时间在一年以内的农民工本人（或劳动者）签订劳务合同，每月控制给农民工劳务结算款在20000元以内，劳务公司以与劳动者每月的劳务款结算单作为支付凭证，在企业所得税前进行扣除，不需要去当地税务主管部门开具劳务费用发票进入成本，但是劳务公司要依法按照"综合所得"的规定给劳动者代扣代缴个人所得说。

（3）方法三。劳务公司将长期稳定与其合作的农民工注册为"无雇工的个体工商户"，然后与"无雇工的个体工商户"签订劳务专业作业分包合同，节约社保费用。

根据前面法律分析，劳务公司将长期与其合作的建筑工人注册为"无雇工的个体工商户"，然后与"无雇工的个体工商户"签订劳务分包合同，节约社保费用。具体操作要点如下：

第一，建筑企业或劳务公司指定专门的部门中的特定人员，在建筑企业或劳务公司注册地的工商部门，为长期与其合作的农民工代理注册为"无雇工的个体工商户"，然后向当地税务部门购买和安装税控机和税控盘。

第二，建筑企业或劳务公司与注册为"无雇工的个体工商户"的农民工签订劳务分包合同，合同中约定劳务工程范围、劳务款结算和支付等事宜，但必须保证每月结算的劳务分包款是10万元以内。

第三，建筑企业或劳务公司指定专门的部门中的特定人员为注册为"无雇工的个体工商户"代理涉税事宜，在建筑企业或劳务公司注册地的国税局代领10万元以内［财税〔2019〕13号文件第一条：对月销售额10万元以下（含本数）的增值税小规模纳税人免征增值税］的增值税发票，用于建筑企业或劳务公司做成本。

第四，建筑企业或劳务公司建筑企业或劳务公司指定专门的部门中的特定人员每月代理"无雇工的个体工商户"办理个人所得税的申报事宜。

（二）劳务公司转型为专业作业的劳务公司

如果劳务公司转型为专业作业的劳务公司，则专业作业劳务公司与班组长或自然人包工头签订"内部劳务承包协议"的增值税、个人所得税和社保费用的处理。

1. 增值税的处理：发包人为增值税纳税义务人

当班组长或包工头是专业作业劳务公司的雇工或建立劳动关系的员工时，为了激励班组长或包工头的工作积极性，专业作业劳务公司一般会与班组负责人（包工头）签订内部劳务承包协议，协议中一般约定以下重要条款：

（1）在"材料供应"条款中约定：所有的建筑工程所需要的材料、动力全部由施工总承包方和专业承包方或专业分包方自行采购。

（2）在"承包方式"条款中约定：班组负责人（包工头）以施工总承包方和专业承包方或专业分包方的名义对外经营，并以施工总承包方和专业承包方或专业分包方对外承担相关法律责任。

（3）在"经营所得"条款中约定：班组负责人（包工头）向施工总承包方和专业承包方或专业分包方上交一定的管理费用，经营所得归班组负责人（包工头）所有。

根据财税〔2016〕36号文件附件1《营业税改征增值税试点实施办法》第二条的规定，**单位以承包、承租、挂靠方式经营的，承包人、承租人、挂靠人（以下统称承包人）以发包人、出租人、被挂靠人（以下统称发包人）的名义对外经营并由发包人承担相关法律责任的，以该发包人为纳税人。** 基于此规定，如果施工总承包方和专业承包方或专业分包方与班组负责人（包工头）签订内部劳务承包协议，只要承包人以施工总承包方和专业承包方或专业分包方的名义对外经营并由施工总承包方和专业承包方或专业分包方（发包人）承担相关法律责任的，则以施工总承包方和专业承包方或专业分包方为增值税纳税义务人，统一由施工总承包方和专业承包方或专业分包方对外开具增值税发票，班组负责人（包工头）不是增值税纳税义务人。班组负责人（包工头）管辖下的农民工劳动报酬以工资表的形式在施工总承包方和专业承包方或专业分包方（发包人）做成本核算依据。

2. 包工头班组长个人所得税的处理

班组长（包工头）管辖下的农民工从发包方获得的劳动报酬所得是工资薪金综合所得，而班组长（包工头）获得的劳动报酬所得要按照以下两种情况处理：

（1）如果建筑企业或专业作业劳务公司与班组负责人（包工头）签订内部劳务承包协议约定"班组长（包工头）以建筑企业或专业作业劳务公司的名义对外经营，建筑企业或专业作业劳务公司对外承担民事法律责任，班组长（包工头）向施工总承包方和专业承包方或专业分包方上交一定的管理费用，经营所得归班组长（包工头）所有"，则班组长（包工头）获得的劳动报酬所得是"经营所得"，必须按照"经营所得"进行个人所得税处理。具体处理如下：

第一，班组长或包工头取得经营所得的"应纳税所得额"的计算。根据《中华人民共和国个人所得税法》第六条第（三）项的规定，**以班组长（包工头）每一纳税年度的收入总额减除成本、费用以及损失后的余额为应纳税所得额**。同时，根据《中华人民共和国个人所得税法实施条例》（中华人民共和国国务院令第707号）第十五条的规定，**取得经营所得的班组长（包工头）没有综合所得的，计算其每一纳税年度的应纳税所得额时，应当减除费用6万元、专项扣除、专项附加扣除以及依法确定的其他扣除，专项附加扣除在办理汇算清缴时减除**。

基于以上税法规定，班组长或包工头取得经营所得可以选择按季度预交个税，其季度和年度汇算清缴的"应纳税所得额"计算公式如下：

季度应纳税所得额＝收入－成本费用－弥补以前年度的亏损－5000×12－专项扣除－依法确定的其他扣除

年度汇算清缴的年度应纳税所得额＝收入－成本费用－弥补以前年度的亏损－5000×12－专项扣除－依法确定的其他扣除－专项附加扣除

班组长或包工头取得经营所得的应纳个人所得税＝年应纳税所得额×税率－速算扣除数

第二，班组长或包工头取得经营所得办理汇算清缴的时间和纳税申报地点。根据《中华人民共和国个人所得税法》（中华人民共和国主席令第9号）第十二条和《国家税务总局关于个人所得税自行纳税申报有关问题的公告》（国家税务总局公告2018年第62号）第二条的规定，**纳税人取得经营所得，按年计算个人所得税，由纳税人在月度或者季度终了后15日内向项目经营所在地主管税务机关办理预缴纳税申报，在取得所得的次年3月31日前向项目经营所在地主管税务机关办理个人所得税汇算清缴**。

第三，班组长或包工头取得"经营所得"办理个人所得税汇算清缴的有关资料提交要求。《国家税务总局关于个人所得税自行纳税申报有关问题的公告》（国家税务总局公告2018年第62号）第二条规定：**纳税人取得经营所得，按年计算个人所得税，由纳税人在月度或季度终了后15日内向经营管理所在地主管税务机关办理预缴纳税申报，并报送《个人所得税经营所得纳税申报表（A表）》。在取得所得的次年3月31日前向经营管理所在地主管税务**

机关办理汇算清缴，并报送《个人所得税经营所得纳税申报表（B 表）》。

基于以上税法规定，班组长或包工头取得"经营所得"办理个人所得税汇算清缴时，必须向项目施工所在地税务部门办理预缴纳税申报，并报送《个人所得税经营所得纳税申报表（A 表）》，在次年的 3 月 31 日前向项目施工所在地税务部门办理预缴纳税申报报送《个人所得税经营所得纳税申报表（B 表）》。

（2）如果专业作业劳务公司与班组长（包工头）签订内部劳务承包协议约定"班组负责人（包工头）对企业承包经营成果不拥有所有权，仅是按内部承包协议规定取得一定所得"，则班组长（包工头）获得的劳动报酬所得是"工资薪金综合所得"，必须按照"工资薪金综合所得"进行个人所得税处理。具体处理如下：

第一，由施工总承包方和专业承包方或专业分包方（发包方）按月依照"累计预扣法"预扣预缴班组长（包工头）的个人所得税。

第二，根据《个人所得税专项附加扣除操作办法（试行）》（国家税务总局公告 2018 年第 60 号）第四条第一款的规定，**享受子女教育、继续教育、住房贷款利息或者住房租金、赡养老人专项附加扣除的纳税人，可以选择扣缴义务人在预扣预缴税款时办理扣除，也可以选择在次年 3 月 1 日至 6 月 30 日内向汇缴地主管税务机关办理汇算清缴申报时扣除。**

3. 农民工个人所得税的处理

（1）劳务公司（专业作业企业）与农民工签订非全日制用工合同的农民工工资的税务处理。根据《国家税务总局关于企业所得税应纳税所得额若干税务处理问题的公告》（国家税务总局公告 2012 年第 15 号）第一条的规定，**企业因雇用季节工、临时工、实习生、返聘离退休人员所实际发生的费用，应区分为工资薪金支出和职工福利费支出，并按《企业所得税法》规定在企业所得税前扣除。其中属于工资薪金支出的，准予计入企业工资薪金总额的基数，作为计算其他各项相关费用扣除的依据。**因此，劳务公司（专业作业企业）与农民工签订非全日制用工合同的用工形式，则非全日制用工的"农民工"为劳务公司（专业作业企业）员工，劳务公司（专业作业企业）支付给非全日制农民工的工资薪金列支成本费用，在劳务公司（专业作业企业）的企业所得税前扣除。同时，劳务公司（专业作业企业）按照新修订的《中华人民共和国个人所得税法》（中华人民共和国主席令第 9 号）的"综合所得"规定代扣代缴个人所得税，即每月减去 5000 元扣除费用预代扣代缴个人所得。

（2）劳务公司（专业作业企业）与短期（三个月、六个月、不超过一年）用工且不满足非全日制用工的农民工签订劳务协议的税务处理。

根据《中华人民共和国企业所得税法》和《中华人民共和国个人所得税法》（中华人民共和国主席令第9号）的规定，劳务公司（专业作业企业）与短期（三个月、六个月、不超过一年）用工且不满足非全日制用工的农民工签订劳务协议的情况下，劳务公司（专业作业企业）支付给农民工的劳务报酬（按天、小时、工作量计算后的劳务报酬）必须保证每月在20000元以下。农民工个人所得税由劳务公司（专业作业企业）代扣代缴。劳务公司（专业作业企业）的财务部每月发放农民工劳务款时，必须制作内部付款凭证或劳务款支付凭证，支付凭证上必须载明农民工的姓名、手机号码、身份证号码、劳务款金额、劳务人员本人签字的笔迹，并依法履行申报代扣农民工的劳务报酬个人所得税。

（3）劳务公司（专业作业企业）与长期合作的农民工签订劳动合同的税务处理。劳务公司（专业作业企业）与长期合作的农民工签订劳动合同的情况下，劳务公司（专业作业企业）与农民工之间构成雇佣与被雇佣的劳动关系，劳务公司（专业作业企业）支付给农民工的工资在劳务公司（专业作业企业）的企业所得税前进行扣除，劳务公司（专业作业企业）按照新修订的《中华人民共和国个人所得税法》的"综合所得"规定代扣代缴个人所得税，即每月减去5000元扣除费用预代扣代缴个人所得。同时，劳务公司（专业作业企业）和农民工要依法缴纳社保费用，缴纳社保基数是农民工的工资总额。

（4）根据《国家税务总局关于建筑安装业跨省异地工程作业人员个人所得税征收管理问题的公告》（国家税务总局公告2015年第52号）的规定，如果劳务公司在工程所在地税务部门按照核定定率征收方式一次性代征项目作业人员的个人所得税，则劳务公司（专业作业企业）对民工工资成本直接按照实际支付给民工本人的月工资金额造工资支付清单表，作为成本核算凭证，不再向劳务公司（专业作业企业）注册地的税务主管部门对农民工再进行全额全员申报个人所得税。

4. 社保费用的处理：发包方、包工头（班组长）和农民工依法缴纳社保费用

企业内部承包经营是企业转换经营机制的一种较普遍的经营方式。对于内部承包的认定，企业内部承包合同纠纷是否属于人民法院受理民事诉讼的范围，决定于企业内部承包合同是否属于民事合同。只有由平等主体之间签

订的承包合同才属于民事诉讼管辖的范围，而那些未摆脱管理、人身隶属关系的内部承包则不属于民事诉讼的范围，此类内部承包进入诉讼程序，基本面临的是裁驳的局面。因此，班组长（包工头）与施工总承包方和专业承包方或专业分包方（发包方）签订的内部承包协议不是民事合同，也不是民事诉讼调整的范围。

另外，根据《关于企业内部个人承包中保险待遇问题的复函》（劳险字〔1992〕27号）的规定，**企业与职工个人签订承包合同，是企业内部经营管理的一种方式。企业经营机制的转变，并未改变企业和职工的劳动关系，也未改变承包者的职工身份，因此企业应按照国家现行政策保障职工的社会保障权益。**《中华人民共和国劳动合同法》第九十四条规定，**个人承包经营违反本法规定招用劳动者，给劳动者造成损害的，发包的组织与个人承包经营者承担连带赔偿责任。**基于此规定，如果班组长（包工头）与专业作业劳务公司签订内部承包协议的情况下，专业作业劳务公司（发包方）与班组长（包工头）之间仍然是劳动关系，则专业作业劳务公司（发包方）、班组长（包工头）及其自行招聘的农民工的社保费用仍然由专业作业劳务公司（发包方）、班组长（包工头）和农民工缴纳，班组长（包工头）和农民工的社会保险由专业作业劳务公司（发包方）代扣代缴。

5. 财务处理

三种不同的合同签订方式有不同的会计核算。

（1）如果劳务公司与农民工签订非全日制用工的劳动合同，则根据《中华人民共和国劳动合同法》的规定，**非全日制的农民工与建筑企业是劳动关系而不是劳务关系**。因此，非全日制的农民工的工资在劳务公司的"应付职工薪酬"会计科目中进行成本核算。核算依据是项目的农民工考勤记录表、农民工工资表清单。农民工工资以现金的形式进行发放。在会计核算凭证的后面附上有关主管负责人签字的"农民工考勤记录""农民工工资表清单"和领取工资的农民工本人签字的身份证复印件。

（2）如果劳务公司与短期（三个月、六个月、不超过一年）用工且不满足非全日制用工的农民工签订劳务协议，则建筑企业与农民工约定的劳务报酬（按天、小时、工作量计算后的劳务报酬）必须保证每月在20000元以下。建筑企业财务部每月给农民工发劳务报酬时，在会计核算上，应在"工程施工——劳务费用"科目上核算，而不在"应付职工薪酬——职工工资"科目上核算。在会计核算凭证的后面附上有关主管负责人签字的"劳务款结算单""劳务款支付凭证"和领取劳务款劳务人员的身份证复印件。

（3）如果劳务公司与长期合作的农民工签订劳动合同，则劳务公司与农民工构成雇佣与被雇佣的劳动关系，则农民工的工资在建筑企业的"应付职工薪酬——农民工工资"会计科目中进行成本核算。核算依据是项目部的农民工考勤记录表、农民工工资表清单。

（三）劳务公司转型为具有不同专业作业资质的劳务总承包企业

如果劳务公司转型为具有不同专业作业资质的劳务总承包企业，则劳务公司与不同专业作业的个体工商户或小微企业签订专业作业分包合同的财税、社保处理。

1. 财税处理

（1）专业作业的个体工商户或小微企业根据财税〔2016〕36号文件的规定，选择简易计税方法，直接向劳务总承包企业开具3%的增值税专用（普通）发票，劳务总承包企业直接凭专业作业的个体工商户或小微企业开具的增值税发票进入成本，在"主营业务成本——分包成本——人工费用"科目进行成本核算。

（2）劳务总承包企业扣除支付给专业作业的个体工商户或小微企业的劳务款作为销售额，按照差额计算征收增值税。

（3）专业作业的个体工商户或小微企业雇佣的农民工的个人所得税，在实践中都是按照当地税务部门的规定核定征收方式来征收。

2. 社保费用的处理

（1）根据《中华人民共和国社会保险法》和《中华人民共和国劳动合同法》的规定，农民工的社保费用是由专业作业的个体工商户或小微企业承担，基于考虑农民工的流动性，建议专业作业的个体工商户或小微企业与农民工签订灵活就业协议，然后让农民工在其户口所在地的社保所办理缴纳灵活就业的社保费用。这样专业作业的个体工商户或小微企业和农民工就不需要在工程项目所在地缴纳社保费用。

（2）劳务公司必须购买工伤保险，为了规避工伤损失，建议劳务公司还可以购买雇主责任险。

6

劳务派遣公司节约社保费用的秘诀

一 法律依据分析

（一）劳务派遣业务中社保费用的缴纳义务人

劳务派遣业务中社保费用的缴纳义务人为劳务派遣公司和被派遣劳动者。《劳务派遣暂行规定》（中华人民共和国人力资源和社会保障部令第22号）第五条规定：**"劳务派遣单位应当依法与被派遣劳动者订立2年以上的固定期限书面劳动合同。"** 同时，《劳务派遣暂行规定》第八条关于"劳务派遣单位应当对被派遣劳动者履行下列义务"第四项规定：**"按照国家规定和劳务派遣协议约定，依法为被派遣劳动者缴纳社会保险费，并办理社会保险相关手续。"** 基于此政策文件规定，在劳务派遣业务中，劳务派遣公司（用人单位）与用工单位（劳务派遣工使用方）签订劳务派遣协议，劳务派遣公司（用人单位）与被派遣劳动者签订劳动合同。劳务派遣公司必须缴纳社保费用，被派遣劳动者的社保费用由劳务派遣公司代扣代缴。

（二）跨地区劳务派遣社会保险的缴纳地点、缴纳标准和社保缴纳义务人

根据《劳务派遣暂行规定》（中华人民共和国人力资源和社会保障部令第22号）第十八条和第十九条的规定，跨地区劳务派遣的社会保险的缴纳地点、缴纳标准和社保缴纳义务人如下：

1. 跨地区劳务派遣社会保险的缴纳地点、缴纳标准

劳务派遣单位跨地区派遣劳动者的，应当在用工单位所在地为被派遣劳动者参加社会保险，按照用工单位所在地的规定缴纳社会保险费，被派遣劳动者按照国家规定享受社会保险待遇。

2. 跨地区劳务派遣社会保险的缴纳义务人：劳务派遣公司和被派遣劳务者

劳务派遣单位在用工单位所在地设立分支机构的，由分支机构为被派遣劳动者办理参保手续，缴纳社会保险费。劳务派遣单位未在用工单位所在地设立分支机构的，由用工单位（劳务派遣工使用方）代劳务派遣单位（用

人单位）为被派遣劳动者办理参保手续，缴纳社会保险费。

（三）劳务派遣公司社保费用的缴纳基数界定

根据《中华人民共和国劳动和社会保障部社会保险事业管理中心关于规范社会保险缴费基数有关问题的通知》（劳社险中心函〔2006〕60号）第二条第4款中第（10）项的规定，**使用劳务输出机构提供的劳务工，其人数和工资按照"谁发工资谁统计"的原则，如果劳务工的使用方不直接支付劳务工的工资，而是向劳务输出方支付劳务费，再由劳务输出方向劳务工支付工资，应由劳务输出方统计工资和人数；如果劳务工的使用方直接向劳务工支付工资，则应由劳务使用方统计工资和人数。输出和使用劳务工单位的缴费基数以"谁发工资谁计算缴费基数"的原则执行**〔国家统计局《关于印发2004年劳动统计年报新增指标解释及问题解答的通知》（国统办字〔2004〕48号）〕。

根据《中华人民共和国劳动和社会保障部社会保险事业管理中心关于规范社会保险缴费基数有关问题的通知》（劳社险中心函〔2006〕60号）第四条第（十一）项和第（十六）项的规定，**劳务派遣单位收取用工单位支付的人员工资以外的手续费和管理费不计入工资总额，在计算社保费用的缴费基数时应予剔除。**

因此，基于以上社保政策规定，劳务派遣公司（劳务输出方）社保的缴纳基数分三种情况处理。

第一种情况：如果劳务派遣公司与用工单位（劳务工的使用方）签订劳务派遣合同约定"用工单位（劳务工的使用方）不直接支付劳务工的工资，而是向劳务派遣公司（劳务输出方）支付劳务费，再由劳务派遣公司（劳务输出方）向劳务工支付工资"。则劳务派遣公司（劳务输出方）向劳务工支付的工资要作为劳务派遣公司计算缴纳社保的工资基数。

第二种情况：如果劳务派遣公司与用工单位（劳务工的使用方）签订劳务派遣合同约定"用工单位（劳务工的使用方）直接向劳务派遣公司派出的劳务工支付工资的同时，用工单位还向劳务派遣公司直接支付手续费和管理费"，则用工单位（劳务工的使用方）直接向劳务派遣公司派出的劳务工支付的工资要作为用工单位计算缴纳社保的工资基数。

第三种情况：劳务派遣单位收取用工单位支付的人员工资以外的手续费和管理费不计入工资总额，在计算社保费用的缴费基数时应予剔除。

二 劳务派遣业务的社保问题处理

通过以上政策分析，劳务派遣业务的社保处理如下：

第一，被派遣劳动者与劳务派遣公司构成雇佣与被雇佣的劳动关系，被派遣劳动者社保费用的社会统筹部分由劳务派遣公司缴纳并记入社会统筹账户，被派遣劳动者个人承担部分的社保费用由劳务派遣公司代扣代缴。

第二，如果劳务派遣公司与用工单位签订的劳务派遣协议中只约定"用工单位给劳务派遣公司总的劳务派遣费费用（包括劳务派遣公司支付给被派遣劳动者的工资、福利和社保费用）"，则劳务派遣公司（劳务输出方）无论在本地派遣还是跨地区派遣，都要为与其构成雇佣与被雇佣关系的被派遣劳动者（派遣劳务工）缴纳社会统筹部分的社保费用，被派遣劳动者的社保费用由劳务派遣公司代扣代缴。

第三，如果劳务派遣公司与用工单位签订的劳务派遣协议中只约定"用工单位直接支付劳务派遣公司劳务派遣费用，同时直接支付被派遣劳动者的工资、福利和社保费用"，则在新的个税和社保政策下，由用工单位（劳务派遣工使用方）代劳务派遣单位（用人单位）为被派遣劳动者办理参保手续，缴纳社会保险费，即劳务派遣工社保费用的社会统筹部分由用工单位依法缴纳，记入被派遣劳动者的社会统筹账户，被派出劳务工的社保费用由用工单位代扣代缴。用工单位支付给被派遣劳动者的而社保费用必须从用工单位支付给被派遣劳动者的工资中进行扣除。

 ## 三 劳务派遣业务的社保费用节约之策

为了节约劳务派遣公司的社保费用负担，肖太寿财税工作室（社会公众微信号：xtstax）提出以下节约社保费用的策略。

（一）用人单位节约社保费用的策略

基于用人单位直接支付被派遣劳动者工资要计入用工单位建社保费用的

工资总额基数而将多交社保费用的考虑，用人单位节约社保费用的策略是：用人单位与劳务派遣公司签订劳务派遣协议时，必须在合同中约定以下内容：

第一，在劳务派遣协议中的"价格条款"约定：用工单位给劳务派遣公司总的劳务派遣费费用（包括劳务派遣公司收取用工单位的手续费用、管理费、劳务派遣公司支付给被派遣劳动者的工资、福利和社保费用）。

第二，在劳务派遣协议中的"发票开具条款"约定：劳务派遣公司向用人单位开具6%的增值税专用发票（劳务派遣公司是一般纳税人的情况下）或3%的增值税专用发票（劳务派遣公司是增值税小规模纳税人的情况下）；或者约定：劳务派遣公司通过新系统中差额征税开票功能，将向用工单位收取的全部费用减去支付给被派遣劳动者的工资、社保和福利费用的差额，向用人单位开具发票"备注栏"自动打印"差额征税"字样的5%的增值税专用发票（劳务派遣公司是一般纳税人的情况下）。

（二）劳务派遣公司节约社保费用的策略

基于《中华人民共和国劳动和社会保障部社会保险事业管理中心关于规范社会保险缴费基数有关问题的通知》（劳社险中心函〔2006〕60号）第四条第（十一）项和第（十六）项的规定，劳务派遣单位收取用工单位支付的人员工资以外的手续费和管理费不计入工资总额，在计算社保费用的缴费基数时应予剔除的考虑，劳务派遣公司节约社保费用的策略是用人单位与劳务派遣公司签订劳务派遣协议时，必须在合同中约定以下内容：

第一，在劳务派遣协议中的"价格条款"约定：用工单位给劳务派遣公司支付手续费用、管理费为×××元（不含增值税），增值税金额为×××元。劳务派遣公司支付给被派遣劳动者的工资、福利和社保费用为×××元（不含增值税），增值税金额为×××元。

第二，在劳务派遣协议中的"发票开具条款"约定：劳务派遣公司向用人单位开具6%的增值税专用发票（劳务派遣公司是一般纳税人的情况下）或3%的增值税专用发票（劳务派遣公司是增值税小规模纳税人的情况下）；或者约定：劳务派遣公司通过新系统中差额征税开票功能，向用人单位开具发票"备注栏"自动打印"差额征税"字样的5%的增值税专用发票（劳务派遣公司是一般纳税人的情况下）。

7

建筑企业劳务分包业务中的
法务、税务和社保处理

建筑企业专业作业承包业务的税务管理涉及专业作业承包业务的合法性界定；施工总承包方或专业承包方直接将劳务作业部分分包给劳务公司的税务和社保处理；施工总承包方或专业承包方直接将劳务作业部分分包给班组负责人（包工头）的税务和社保处理。

 劳务分包（专业作业承包）的合法性界定

（一）劳务分包（专业作业承包）的相关涉税法律依据分析

财税〔2016〕36 号文件附件 2《营业税改征增值税试点有关事项的规定》第一条第（七）项"建筑服务"第一款规定："**以清包工方式提供建筑服务，是指施工方不采购建筑工程所需的材料或只采购辅助材料，并收取人工费、管理费或者其他费用的建筑服务。**"基于此规定，清包工方式包括两种方式：一是分包人不采购建筑工程所需的材料（含主材和辅料），只采购全部人工费用；二是分包人只采购建筑工程所需的辅料和全部人工费用。

同时，财税〔2016〕36 号文件附件 2《营业税改征增值税试点有关事项的规定》第一条第（七）项"建筑服务"第二款规定："**甲供工程，是指全部或部分设备、材料、动力由工程发包方自行采购的建筑工程。**"基于此规定，甲供工程包括三种情况：一是业主或建设方买建筑工程所需的设备、材料、动力，然后分包人领用；二是总包买建筑工程所需的设备、材料、动力，然后分包人领用；三是专业分包人采购建筑工程所需的设备、材料、动力，然后劳务分包人领用。

《住房和城乡建设部关于印发建筑工程施工发包与承包违法行为认定查处管理办法的通知》（建市规〔2019〕1 号）第 12 条第（一）项规定："**承包单位将其承包的工程分包给个人的，是违法分包行为。**"第 12 条第（四）项规定："**专业分包单位将其承包的专业工程中非劳务作业部分再分包的，是违法分包行为。**"第 12 条（五）项规定："**专业作业承包人将其承包的劳务再分包的，是违法分包行为。**"第 12 条第（六）项规定："**专业作业承包人除计取劳务作业费用外，还计取主要建筑材料款和大中型施工机械设备、主要周转材料费用的，是违法分包行为。**"基于此规定，专业分包单位（分包人包工包料）可以就专业工程中的劳务作业部分再进行分包是合法行为。

或者专业分包单位（分包人包工包料）可以就专业工程中的部分辅料和劳务作业部分再进行分包是合法行为。但是，专业作业承包人（实践中的劳务公司）再进行劳务分包是违法行为。

《住房和城乡建设部关于印发建筑工程施工发包与承包违法行为认定查处管理办法的通知》（建市规〔2019〕1号）第19条规定："施工总承包单位、专业承包单位均指直接承接建设单位发包的工程的单位；专业分包单位是指承接施工总承包或专业承包企业分包专业工程的单位；承包单位包括施工总承包单位、专业承包单位和专业分包单位。"

《住房和城乡建设部关于印发建筑工程施工发包与承包违法行为认定查处管理办法的通知》（建市规〔2019〕1号）第8条第（五）项规定："专业作业承包人承包的范围是承包单位承包的全部工程，专业作业承包人计取的是除上缴给承包单位'管理费'之外的全部工程价款的，是违法转包行为。"第8条第（八）项规定："专业作业的发包单位不是该工程承包单位的，是违法转包行为。"基于此规定，施工总承包单位、专业承包单位和专业分包单位将承包的工程全部交给劳务公司（专业作业承包人）施工，只向劳务公司（专业作业承包人）收取一定的管理费用的行为是违法转包行为。

（二）劳务分包（专业作业承包）的法律界定及其与清包工分包的区别和联系

1. 劳务分包（专业作业承包）的法律界定

根据以上税收和法律政策分析，在税收法律视觉下，劳务分包（专业作业承包）合同是纯劳务分包的业务合同，即分包人只包人工费用，不采购建筑工程所需的材料，并收取人工费、管理费或者其他费用的建筑服务。实践中的劳务分包（专业作业承包）合同的承包主体有两种：一种是自然人，或称为包工头或班组组长；另一种是劳务公司。

2. 劳务分包与清包工分包的区别和联系

劳务分包与清包工分包的关系是：劳务分包包括在清包工分包范围之内，即清包工合同不一定是劳务分包合同，而劳务分包合同一定是清包工合同。

（三）劳务分包（专业作业承包）业务的三种合法性界定

根据以上法律依据分析，以下劳务分包（专业作业承包）业务是合法的：

第一，施工总承包单位、专业承包单位和专业分包单位可以就其纯劳务部分进行分包给劳务公司或自然人包工头。

第二，劳务分包（专业作业承包）单位不能够再进行劳务分包，否则是违法分包行为。但是，如果劳务分包（专业作业承包）单位与班组长或自然人包工头签订内部承包协议，同时符合以下三个条件的劳务承包行为是合法的：一是班组长或自然人包工头以劳务分包（专业作业承包）单位的名义对外经营；二是以劳务分包（专业作业承包）单位对外承担民事法律责任；三是班组长或自然人包工头只向劳务分包（专业作业承包）单位上交一定的管理费用，扣除成本和税费后的经营所得归班组长或自然人包工头所有。或者班组长和自然人包工头负责生产经营全过程活动，获得固定的劳动报酬和绩效考核奖，承包经营成果归劳务分包（专业作业承包）单位所有。

第三，施工总承包单位、专业承包单位和专业分包单位可以就其部分辅料和纯劳务部分进行分包给劳务公司或自然人包工头。

二 施工总承包方和专业承包方或专业分包方直接将劳务作业部分分包给劳务公司（专业作业承包单位）的涉税风险管理

施工总承包方和专业承包方或专业分包方直接将劳务作业部分分包给劳务公司（专业作业承包单位）存在施工总承包方和专业承包方或专业分包方是否代发劳务公司（专业作业承包单位）农民工工资的现象。这其中存在票款不一致、合同签订与发票开的不一致和拖欠农民工工资的税收风险。规避以上税收风险的操作要点如下：

（一）合同策略：巧签劳务分包合同控制税收风险

施工总承包方和专业承包方或专业分包方与劳务公司（专业作业承包单位）签订劳务分包合同，合同中约定以下两条可控风险条款：

1. 在劳务分包合同中约定"劳务工资结算和支付发放办法"条款

该条款可以选择以下两种约定中的任一种约定：一是约定施工总承包方和专业承包方或专业分包方代发农民工工资。劳务公司（专业作业承包单位）负责为招用的农民工申办银行个人工资账户并办理实名制工资支付银行卡，并负责将工资卡发放至农民工本人手中，每月考核农民工工作量并编制工资支付表，经农民工本人签字确认后，交施工总承包方和专业承包方或专业分包方委托银行通过其设立的农民工工资专用账户直接将工资划入农民工个人工资支付银行卡。二是约定施工总承包方和专业承包方或专业分包方根据与劳务公司（专业作业承包单位）每月的劳务结算金额，将劳务款转入劳务公司（专业作业承包单位）账户，由劳务公司（专业作业承包单位）自行给农民工发放劳务工资。

具体发放办法如下：一是施工总承包方和专业承包方或专业分包方收到发包方支付的劳务款后，根据施工总承包方和专业承包方或专业分包方与劳务公司（专业作业承包单位）结算的劳务结算书，在收到劳务公司（专业作业承包单位）提交的合法发票后，将劳务结算款的80%划入劳务公司（专业作业承包单位）的账户。二是劳务公司（专业作业承包单位）收到施工总承包方和专业承包方或专业分包方划入的80%劳务款，必须保证优先发放农民工资，不准拖欠或挪用或克扣农民工工资，如果施工总承包方和专业承包方或专业分包方没有收到农民工的投诉劳务公司（专业作业承包单位）有挪用克扣或虚假农民工的现象，则施工总承包方和专业承包方或专业分包方将剩余的20%劳务款划给劳务公司（专业作业承包单位），否则，施工总承包方和专业承包方或专业分包方将剩余的20%劳务款直接发放给农民工。

2. 在劳务分包合同中约定"发票开具"条款

在劳务分包合同中约定"发票开具"条款，该条款中约定以下三点：一是如果劳务分包合同中约定施工总承包方和专业承包方或专业分包方代发农民工工资的情况下，则约定劳务分包企业在向施工总承包方和专业承包方或专业分包方开具增值税专用发票时，在发票备注栏打印"含施工总承包方和专业承包方或专业分包方代付农民工工资××××元"，施工总承包方和专业承包方或专业分包方将银行盖章的农民工资发放流水单交给劳务公司（专业作业承包单位），劳务公司（专业作业承包单位）将该银行盖章的农民工资发放流水单与增值税发票存根联一同装订备查。二是在劳务分包合同中"发票开具"条款中约定：劳务分包企业（专业作业承包单位）在向施工总承包方和专业承包方或专业分包方开具增值税专用发票时，在发票备注栏打印"项目所在地的县、市（区）和项目的名称"。三是约定劳务分包企业向施工总承包方和专业承包方或专业分包方开具3%税率的增值税专用（普通）发票。

（二）合同备案登记管理

施工总承包方和专业承包方或专业分包方与劳务公司（专业作业承包单位）签订的劳务分包合同到施工总承包方和专业承包方或专业分包方所在地税务局进行备案。备案后再将加盖公章的总包合同、专业分包合同和劳务分包合同复印件到工程所在税务局进行备案登记。

（三）现场管理

劳务公司必须配备管理人员驻扎在工程项目部对民工进行现场管理。具体的管理措施如下：

第一，劳务公司必须在工程项目部配备一名劳资专管员，加强民工的进场、出场管理，编制民工考勤记录表。

第二，劳务公司必须给每一位民工在当地银行开办银行工资卡并将工资卡发放到民工手中。

第三，劳务公司劳资专管员必须收集每一位民工的身份证复印件，并要求民工本人务必在其身份证复印件上签字确认。

第四，劳务公司财务部每个月要编制民工工资支付清单或工作表，要求民工在工资清单上签字并捺手印。

第五，劳务公司财务部每个月要审核工资支付清单、民工工时考勤记录表、劳务公司与民工签订的劳务合同名单，核对无误后依法将工资打入民工本人工资卡。

三 施工总承包方和专业承包方或专业分包方与班组负责人（包工头）签订"内部劳务承包协议"的增值税、个人所得税和社保费用的处理

（一）增值税的处理：发包人为增值税纳税义务人

当班组长或包工头是施工总承包方和专业承包方或专业分包方的雇工或建立劳动关系的员工时，为了激励班组长或包工头的工作积极性，施工总承包方和专业承包方或专业分包方一般会与班组负责人（包工头）签订内部劳

务承包协议，协议中一般约定以下重要条款：

第一，在"材料供应"条款中约定：所有的建筑工程所需要的材料、动力全部由施工总承包方和专业承包方或专业分包方自行采购。

第二，在"承包方式"条款中约定：班组负责人（包工头）以施工总承包方和专业承包方或专业分包方的名义对外经营，并以施工总承包方和专业承包方或专业分包方对外承担相关法律责任。

第三，在"经营所得"条款中约定：班组负责人（包工头）向施工总承包方和专业承包方或专业分包方上交一定的管理费用，经营所得归班组负责人（包工头）所有。

根据财税〔2016〕36号文件附件1《营业税改征增值税试点实施办法》第二条的规定，**单位以承包、承租、挂靠方式经营的，承包人、承租人、挂靠人（以下统称承包人）以发包人、出租人、被挂靠人（以下统称发包人）名义对外经营并由发包人承担相关法律责任的，以该发包人为纳税人。**基于此规定，如果施工总承包方和专业承包方或专业分包方与班组负责人（包工头）签订内部劳务承包协议，只要承包人以施工总承包方和专业承包方或专业分包方的名义对外经营并由施工总承包方和专业承包方或专业分包方（发包人）承担相关法律责任的，则以施工总承包方和专业承包方或专业分包方为增值税纳税义务人，统一由施工总承包方和专业承包方或专业分包方对外开具增值税发票，班组负责人（包工头）不是增值税纳税义务人。班组负责人（包工头）管辖下的农民工劳动报酬以工资表的形式在施工总承包方和专业承包方或专业分包方（发包人）做成本核算依据。

（二）个人所得税的处理

班组长（包工头）管辖下的农民工从发包方获得的劳动报酬所得是工资薪金综合所得，而班组长（包工头）获得的劳动报酬所得要分两种情况处理：

第一，如果施工总承包方和专业承包方或专业分包方与班组负责人（包工头）签订内部劳务承包协议约定"班组负责人（包工头）向施工总承包方和专业承包方或专业分包方上交一定的管理费用，经营所得归班组负责人（包工头）所有"，则班组长（包工头）获得的劳动报酬所得是"经营所得"，必须按照"经营所得"进行个人所得税处理。具体处理如下：

一是班组长或包工头取得经营所得的"应纳税所得额"的计算。根据《中华人民共和国个人所得税法》第六条第（三）项的规定，**经营所得，以每一纳税年度的收入总额减除成本、费用以及损失后的余额，为应纳税所得**

额。同时，根据《中华人民共和国个人所得税法实施条例》（中华人民共和国国务院令第 707 号）第十五条的规定，**取得经营所得的个人，没有综合所得的，计算其每一纳税年度的应纳税所得额时，应当减除费用 6 万元、专项扣除、专项附加扣除以及依法确定的其他扣除。专项附加扣除在办理汇算清缴时减除。**

二是班组长或包工头取得经营所得办理汇算清缴的时间和纳税申报地点。根据《中华人民共和国个人所得税法》（中华人民共和国主席令第 9 号）第十二条和《国家税务总局关于个人所得税自行纳税申报有关问题的公告》（国家税务总局公告 2018 年第 62 号）第二条的规定，**纳税人取得经营所得，按年计算个人所得税，由纳税人在月度或者季度终了后 15 日内向经营管理所在地主管税务机关办理预缴纳税申报，在取得所得的次年 3 月 31 日前，向经营管理所在地主管税务机关办理个人所得税汇算清缴。**

三是班组长或包工头取得"经营所得"办理个人所得税汇算清缴的有关资料提交要求。《国家税务总局关于个人所得税自行纳税申报有关问题的公告》（国家税务总局公告 2018 年第 62 号）第二条规定：**纳税人取得经营所得，按年计算个人所得税，由纳税人在月度或季度终了后 15 日内向经营管理所在地主管税务机关办理预缴纳税申报，并报送《个人所得税经营所得纳税申报表（A 表）》；在取得所得的次年 3 月 31 日前，向经营管理所在地主管税务机关办理汇算清缴，并报送《个人所得税经营所得纳税申报表（B 表）》；从两处以上取得经营所得的，选择向其中一处经营管理所在地主管税务机关办理年度汇总申报，并报送《个人所得税经营所得纳税申报表（C 表）》。**

第二，如果施工总承包方和专业承包方或专业分包方与班组长（包工头）签订内部劳务承包协议约定"班组负责人（包工头）对企业承包经营成果不拥有所有权，仅是按内部承包协议规定取得一定所得"，则班组长（包工头）获得的劳动报酬所得是"工资薪金综合所得"，必须按照"工资薪金综合所得"进行个人所得税处理。具体处理如下：

一是由施工总承包方和专业承包方或专业分包方（发包方）按月依照"累计预扣法"预扣预缴班组长（包工头）的个人所得税。

二是根据《个人所得税专项附加扣除操作办法（试行）》（国家税务总局公告 2018 年第 60 号）第四条第一款的规定，**享受子女教育、继续教育、住房贷款利息或者住房租金、赡养老人专项附加扣除的纳税人，可以选择扣缴义务人在预扣预缴税款时办理扣除，也可以选择在次年 3 月 1 日至 6 月 30 日内向汇缴地主管税务机关办理汇算清缴申报时扣除。**

(三) 社保费用的处理：发包方、包工头 (班组长) 和农民工依法缴纳社保费用

企业内部承包经营是企业转换经营机制的一种较普遍的经营方式。对于内部承包的认定，企业内部承包合同纠纷是否属于人民法院受理民事诉讼的范围，决定于企业内部承包合同是否属于民事合同。只有由平等主体之间签订的承包合同才属于民事诉讼管辖的范围，而那些未摆脱管理、人身隶属关系的内部承包则不属于民事诉讼的范围，此类内部承包进入诉讼程序，基本面临的是裁驳的局面。因此，班组长 (包工头) 与施工总承包方和专业承包方或专业分包方 (发包方) 签订的内部承包协议不是民事合同，也不是民事诉讼调整的范围。

另外，根据《关于企业内部个人承包中保险待遇问题的复函》(劳险字〔1992〕27号) 的规定，企业与职工个人签订承包合同，是企业内部经营管理的一种方式。企业经营机制的转变，并未改变企业和职工的劳动关系，也未改变承包者的职工身份，因此企业应按照国家现行政策保障职工的社会保障权益。《中华人民共和国劳动合同法》第九十四条规定，个人承包经营违**反本法规定招用劳动者，给劳动者造成损害的，发包的组织与个人承包经营者承担连带赔偿责任。**基于此规定，如果班组长 (包工头) 与施工总承包方和专业承包方或专业分包方 (发包方) 签订内部承包协议的情况下，施工总承包方和专业承包方或专业分包方 (发包方) 与班组长 (包工头) 之间仍然是劳动关系，则施工总承包方和专业承包方或专业分包方 (发包方)、班组长 (包工头) 及其自行招聘的农民工的社保费用仍然由施工总承包方和专业承包方或专业分包方 (发包方)、班组长 (包工头) 和农民工缴纳，班组长 (包工头) 和农民工的社保保险由施工总承包方和专业承包方或专业分包方 (发包方) 代扣代缴。

四 施工总承包方和专业承包方或专业分包方与没有注册成立个体工商户的班组负责人 (包工头) 签订对外劳务承包协议或专业作业承包协议 (实质上是劳务分包协议) 的增值税、个人所得税和社保费用的处理

实践中，施工总承包方和专业承包方或专业分包方与没有注册成立个体

工商户的班组负责人（包工头）签订对外劳务承包协议或专业作业承包协议（实质上是劳务分包协议）的情况下，没有注册成立个体工商户的班组负责人（包工头）往往独立经营，按照发包方的要求按质按量完成劳务，自负盈亏，独立承担风险。其增值税、个人所得税和社保费用的处理如下：

（一）增值税的处理：班组长或包工头到经营所在税务部门代开发票给发包方进成本核算

《中华人民共和国增值税暂行条例实施细则》（财政部令第 65 号）第十条规定，**单位租赁或者承包给其他单位或者个人经营的，以承租人或者承包人为纳税人。**财税〔2016〕36 号文件附件 1《营业税改征增值税试点实施办法》第二条规定，**单位以承包、承租、挂靠方式经营的，承包人、承租人、挂靠人（以下统称承包人）以发包人、出租人、被挂靠人（以下统称发包人）名义对外经营并由发包人承担相关法律责任的，以该发包人为纳税人，否则，以承包人为纳税人。**基于此规定，如果总承包方和专业承包方或专业分包方与班组负责人（包工头）签订对外劳务承包协议或专业作业承包协议（实质上是劳务分包协议）的情况下，则经营所得的增值税纳税义务人为班组负责人（包工头）。根据《增值税发票开具指南》第二节第一条第（二）款中第 4 项的规定，**依法不需要办理税务登记的单位和个人，临时取得收入，需要开具增值税普通发票的，可以向当地税务部门申请代开增值税普通发票。**基于此规定，如果施工总承包方和专业承包方或专业分包方与没有注册成立个体工商户的班组负责人（包工头）签订对外劳务承包协议或专业作业承包协议（实质上是劳务分包协议），则班组负责人（包工头）提供的劳务专业作业服务，必须到经营所在地的税务部门代开增值税发票给发包方进行成本核算。

（二）个人所得税的处理

根据《中华人民共和国个人所得税法实施条例》（中华人民共和国国务院令第 707 号）第六条第（五）项"经营所得"中第 4 款的规定，总承包方和专业承包方或专业分包方与班组负责人（包工头）签订对外劳务承包协议或专业作业承包协议（实质上是劳务分包协议）的情况下，班组负责人（包工头）获得的所得实质是属于"个人从事其他生产、经营活动取得的经营所得"，班组负责人（包工头）自行招聘的农民工的劳动报酬构成班组负责人（包工头）的成本。

有关班组长或包工头经营所得的个人所得税分两种情况处理：一是查账征收个人所得税；二是核定征收个人所得税。具体介绍如下：

1. 查账征收个人所得税的具体操作要点

（1）班组长或包工头取得经营所得的"应纳税所得额"的计算。根据《中华人民共和国个人所得税法》第六条第（三）项的规定，**以班组长（包工头）每一纳税年度的收入总额减除成本、费用以及损失后的余额为应纳税所得额。**同时，根据《中华人民共和国个人所得税法实施条例》（中华人民共和国国务院令第707号）第十五条的规定，**取得经营所得的班组长（包工头），没有综合所得的，计算其每一纳税年度的应纳税所得额时，应当减除费用6万元、专项扣除、专项附加扣除以及依法确定的其他扣除。专项附加扣除在办理汇算清缴时减除。**

（2）班组长或包工头取得经营所得自行办理汇算清缴的时间和纳税申报地点。根据《中华人民共和国个人所得税法》（中华人民共和国主席令第9号）第十二条和《国家税务总局关于个人所得税自行纳税申报有关问题的公告》（国家税务总局公告2018年第62号）第二条的规定，**纳税人取得经营所得，按年计算个人所得税，由纳税人在月度或者季度终了后15日内向经营管理所在地主管税务机关办理预缴纳税申报，在取得所得的次年3月31日前，向经营管理所在地主管税务机关办理个人所得税汇算清缴。**

（3）班组长或包工头取得"经营所得"自行办理个人所得税汇算清缴的有关资料提交要求。《国家税务总局关于个人所得税自行纳税申报有关问题的公告》（国家税务总局公告2018年第62号）第二条规定，**纳税人取得经营所得，按年计算个人所得税，由纳税人在月度或季度终了后15日内，向经营管理所在地主管税务机关办理预缴纳税申报，并报送《个人所得税经营所得纳税申报表（A表）》；在取得所得的次年3月31日前向经营管理所在地主管税务机关办理汇算清缴，并报送《个人所得税经营所得纳税申报表（B表）》；从两处以上取得经营所得的，选择向其中一处经营管理所在地主管税务机关办理年度汇总申报，并报送《个人所得税经营所得纳税申报表（C表）》。**

2. 核定征收个人所得税的具体操作要点

（1）班组长或包工头（纳税人）取得经营所得，到经营所在地税务部门代开增值税发票给总承包方和专业承包方或专业分包方，税务部门按照小规模纳税人的标准征收增值税。

（2）经营所在地的税务部门在代开发票时，会按照开发票的金额的一定比例的附征率代征个人所得税，班组长或包工头（纳税人）就不需要进行个人所得税汇算清缴。注意：个人经营所得必须要进行所得税汇算清缴的，是针对个人经营所得适用查账征收个人所得税的情况。

（3）施工总承包方和专业承包方或专业分包方凭借班组长或包工头（纳税人）到经营所在地税务部门代开的增值税发票进成本，不再代扣代缴班组长或包工头（纳税人）的个人所得税了。

（三）社保费用的处理

当总承包方和专业承包方或专业分包方与班组负责人（包工头）签订对外劳务承包协议或专业作业承包协议（实质上是劳务分包协议）的情况下，由于班组长和包工头没有在工商部门注册公司，根本无法进行社保登记，与发包方签订的合同实质上是劳务分包协议，不是劳动合同，因此，班组长和包工头无须为其雇用的农民工缴纳社保费用。

8

建筑企业规避财税风险的三种
农民工工资支付管理方法

在农民工工资专用账户管理和农民工实名登记管理的双管理制度下，建筑企业如何支付农民工工资，直接涉及建筑企业的财税安全问题。为此，肖太寿财税工作室（公众微信号：xtstax）提出了无风险的三种农民工工资支付管理办法。具体操作要点如下：

 ## 支付方法一——在没有实施农民工工资专用账户管理的情况下，建筑企业通过设立的农民工工资卡支付

在没有实施农民工工资专用账户管理的情况下，建筑企业必须给农民工办理工资卡，由建筑企业的财务部直接将农民工工资划入农民工工资卡。实际操作要点如下：

第一，在建筑企业与农民签订非全日制用工合同和全日制用工合同的情况下，建筑企业财务部必须审核项目经理或承包者本人给财务部传递的"农民工工资表""农民工工时考勤表"和"建筑企业与农民工签订的劳动合同花名册"上农民工名单的真实性，绝对不能虚列农民工人数套取资金。

第二，在建筑企业与农民工签订劳务专业作业分包合同的情况下，建筑企业财务部必须审核项目经理或承包者本人给财务部传递的"农民工劳务款结算单""农民工完成的劳务工程量计量单"和"建筑企业与农民工签订的劳务专业分包合同花名册"上农民工名单的真实性，绝对不能虚列农民工人数套取资金。

 ## 支付方法二——没有实施农民工工资专用账户管理的情况下，由项目经理或承包者本人现金支付

如果建筑企业将农民工工资直接从公司账户转入项目经理或承包者本人银行卡（公对私），再由项目经理或承包者以现金的形式支付给农民工本人，或者由项目经理或承包者垫资先支付给农民工本人，再回建筑企业财务部报销时，则必须采用以下操作要点：

第一，制定统一的"委托收取农民工工资或劳务款"的协议书范文，所有的农民工（无论是否是实名制登记管理）必须在协议书上签名并捺手印。

第二，建筑公司必须与项目经理签订"委托代发农民工或劳务款"的

协议。

第三，建筑企业在发放农民工资或劳务款前，要求项目经理在工程项目比较醒目的公告栏处张贴"农民工工资发放公示表"，范本如表8-1、表8-2所示。

表8-1　农民工工资发放公示表

_____项目_____标段工友们：
我公司将与近日委托姓名：_____项目经理，身份证号码：_____，联系电话：_____，以现金形式发放您们在本项目自____年____月____日至____年____月结算的劳务工资款。本次发放工资劳务款 单如下，入队工资或劳务款核算存在异议，请技术项本公司项目部投诉反映。 ××（建筑企业）劳资监督员姓名：　　　　联系电话： ××（建筑企业）办公室监督员姓名：　　　联系电话： ××（建筑企业）财务部监督员姓名：　　　联系电话：

表8-2　工资名单

序号	工种	工人姓名	本次工资核算截止日期	备注
1				
2				
3				
4				
5				
6				
7				

说明：1. 在本名单中如有不属于本班组工人的，请工友向项目部投诉，避免有人冒领工资。

2. 本公示名单需加盖用工主体单位公章。

第四，项目经理必须向建筑企业财务部提供以下证明农民工劳务款真实性的法律资料：

其一，如果建筑企业与农民签订非全日制用工合同和全日制用工合同的情况下，则提供农民工本人签字并捺手印的"农民工工资表""农民工工时考勤表"，范本如表8-3和表8-4所示。

表8-3　农民工工资支付表（＿＿＿年＿＿月）

项目名称：　　　填表单位（盖章）：填报人　　联系电话：　　　　填报日期：　　年　月　日

序号	姓名	身份证号码	工种	工资结算起止时间	月工资（元）	实发工资（元）	工资卡开户银行	工资卡卡号	联系电话	农民工签字	备注

班组长签字：　　　　　　　　项目经理签字：　　　　　　　　财务部核对人签字：

财务部负责人签字：　　　　　　法人代表签字：

表8-4　＿＿＿年＿＿月民工工时考勤登记表

姓名	身份证号码	工作时间（工作量）	所归属班组名称	备注	签字

法人代表签字：　　　　　　　　　　班组长签字：

合同管理部门负责人签字：　　　　　财务部负责人签字：

其二，在建筑企业与农民工签订劳务专业作业分包合同的情况下，则提供农民工本人签字并捺手印的"农民工劳务款结算单""农民工完成的劳务工程量计量单"。

支付方法三——在实施农民工工资专用账户和农民工实名制登记双管理制度下，通过建筑企业总承包在工地上设立的农民工工资专用账户代付农民工工资劳务款

在承建国家工程和市政工程的情况下，国家法律规定，建筑企业总承包方必须在工程所在地选择一家当地建委监管的银行，设立农民工工资专用账

户，由建筑企业总承包方代发建筑劳务分包方和建筑专业分包方的农民工工资劳务款。同时，必须将工地上的农民工进行实名登记管理，即用工单位必须将聘用的农民工的姓名、身份证号、照片、工种等信息录入当地建委的农民工实名登记信息平台。在以上管理制度下，农民工工资劳务款的支付必须采用以下内控操作要点：

第一，建筑企业总承包方必须在施工项目所在地，在当地建委的监管下的银行以建筑企业总承包方的名义设立"农民工工资专用账户"。

第二，建筑企业总承包方必须与劳务公司或建筑企业专业分包方签订"委托代发农民工工资"协议书。

第三，劳务公司和建筑专业分包方必须将与其签订劳动合同的农民工办理工资卡，并将工资卡发放到每一位农民手中，而且将农民工的工资卡信息报给建筑企业总承包方。

第四，建筑企业总承包方审核劳务公司或建筑企业专业分包方提交来的每月农民工工资卡，农民工工时考勤表和劳动合同花名册无误后，将通过农民工工资专用账户代发农民工工资。

第五，建筑企业总承包方将其中的一份代发农民工工资的银行流水，交给劳务公司或专业分包方（用工单位）进行财务核算的凭据。

9

建筑劳务公司经营业务中常见的
法律、税收风险及其管控

一　法律风险及防范策略

（一）法律风险

1. 法律风险一：建筑承包单位与劳务公司签订违法分包而不是劳务分包的行为

《住房和城乡建设部关于印发建筑工程施工发包与承包违法行为认定查处管理办法的通知》（建市规〔2019〕1号）第19条规定："**施工总承包单位、专业承包单位均指直接承接建设单位发包的工程的单位；专业分包单位是指承接施工总承包或专业承包企业分包专业工程的单位；承包单位包括施工总承包单位、专业承包单位和专业分包单位。**"

建市规〔2019〕1号第12条第（四）项规定："**专业分包单位将其承包的专业工程中非劳务作业部分再分包的，是违法分包行为。**"建市规〔2019〕1号第12条第（六）项规定："**专业作业承包人除计取劳务作业费用外，还计取主要建筑材料款和大中型施工机械设备、主要周转材料费用的，是违法分包行为。**"建市规〔2019〕1号第12条（五）项规定："**专业作业承包人将其承包的劳务再分包的，是违法分包行为。**"

基于以上政策规定，建筑承包单位将其承包工程的主材、大中型施工机械设备、主要周转材料、辅料和劳务都包给劳务公司的行为是违法分包行为。

2. 法律风险二：建筑承包单位与劳务公司签订建筑分包合同，承包单位只向劳务公司收取一定管理费用的违法转包行为

建市规〔2019〕1号第8条第（五）项规定："**专业作业承包人承包的范围是承包单位承包的全部工程，专业作业承包人计取的是除上缴给承包单位'管理费'之外的全部工程价款的，是违法转包行为。**"第8条第（八）项规定："**专业作业的发包单位不是该工程承包单位的，是违法转包行为。**"

基于此政策规定，施工总承包单位、专业承包单位和专业分包单位将承包的工程全部交给劳务公司（专业作业承包人）施工，只向劳务公司（专业作业承包人）收取一定管理费用的行为是违法转包行为。

3. 法律风险三：建筑企业与劳务公司签订劳务派遣协议的法律风险：采

用劳务派遣多处受限

（1）按照劳动合同法规定，使用的被派遣劳动者数量不得超过企业用工总量的10%。《劳务派遣暂行规定》（人力资源和社会保障部令第22号）第4条规定："**用工单位应当严格控制劳务派遣用工数量，使用的被派遣劳动者数量不得超过其用工总量的10%。**"前款所称用工总量是指用工单位订立劳动合同人数与使用的被派遣劳动者人数之和。计算劳务派遣用工比例的用工单位是指依照劳动合同法和劳动合同法实施条例可以与劳动者订立劳动合同的用人单位。

（2）依照劳动合同法的规定，劳务派遣员工只能在"临时性、辅助性、替代性"岗位任职。根据《劳务派遣暂行规定》（人力资源和社会保障部令第22号）第三条和《中华人民共和国劳动合同法》（中华人民共和国主席令第七十三号）第66条的规定，用工单位只能在临时性、辅助性或者替代性的工作岗位上使用被派遣劳动者（只有三性岗位才能使用劳务派遣工）。前款规定的临时性工作岗位是指存续时间不超过6个月的岗位；辅助性工作岗位是指为主营业务岗位提供服务的非主营业务岗位；替代性工作岗位是指用工单位的劳动者因脱产学习、休假等原因无法工作的一定期间内，可以由其他劳动者替代工作的岗位。

（二）法律风险防范策略

策略一：建筑劳务公司与施工总承包单位、专业承包单位和专业分包单位签订纯劳务作业的分包合同。

策略二：如果劳务公司转型为专业作业的劳务公司，则专业作业劳务公司与班组长或自然人包工头签订内部承包协议，同时符合以下三个条件的劳务承包行为是合法的：第一，班组长或自然人包工头以专业作业劳务公司的名义对外经营。第二，以专业作业的劳务公司对外承担民事法律责任。第三，班组长或自然人包工头只向专业作业的劳务公司上交一定的管理费用，扣除成本和税费后的经营所得班组长或自然人包工头所有。或者班组长和自然人包工头负责生产经营全过程活动，获得固定的劳动报酬和绩效考核奖，承包经营成果归专业作业的劳务公司所有。

策略三：劳务公司（实质上是具有不同专业作业资质的劳务总承包企业）与施工总承包单位、专业承包单位和专业分包单位方签订含有部分辅料和纯劳务部分的劳务分包合同。

策略四：如果劳务公司转型为具有不同专业作业资质的劳务总承包企

业，则劳务公司与不同专业作业的个体工商户或小微企业签订的专业作业分包合同。

策略五：建筑企业与劳务公司必须签订劳务分包合同而不应签订劳务派遣协议。

二 税收风险及防范策略

（一）税收风险

1. 税收风险一：劳务公司虚列民工工资增加成本套取利润从而少缴纳企业所得税

许多劳务公司的老板或班组长或包工头，为了不缴纳个人所得税，经常虚列民工工资，增加成本，套取利润，导致劳务公司少缴纳企业所得税和班组长或包工头少缴纳个人所得税。随着建筑工人实名制登记管理制度和农民工工资专用账户管理制度的贯彻实施，建筑企业项目部的民工人数是真实的人数，绝对不可以通过虚列民工人数，多列民工工资增加成本，套取利润的行为。

2. 税收风险二：虚列民工人数造民工工资表的行为将导致有人向税务机关举报从而面临被税务机关罚款的风险

随着《中华人民共和国个人所得税法》的贯彻实施，居民个人要享受扣除专项附加扣除的税收政策待遇，必须下载个人所得税 APP，填写专项附加扣除的各个项目。当个人下载个人所得税 APP 并填写完个人的涉税信息后，可以查询到个人的身份证号码被哪些单位用来造工资表，虚列民工工资表的信息。一旦被人查询到劳务公司用别人的身份证号，虚列民工工资表，多列成本的行为，就会向当地税务部门举报，税务部门就会到劳务公司里查账核实，将面临一定的罚款，后果不堪设想。

3. 税收风险三：建筑企业项目部挂靠劳务公司开具发票从而构成虚开增值税发票的行为

笔者实践调研发现，建筑公司挂靠劳务公司开具增值税专用发票的现有操作流程如下：

第一步：建筑公司与挂靠的劳务公司签订劳务分包合同。

第二步：建筑公司将劳务费用通过对公账户转入劳务公司账户，劳务公司扣除税点费用后，将剩下的劳务款从公司账户提出给建筑公司老板的个人银行卡。

第三步：劳务公司向建筑公司开3%的增值税专用发票。

第四步：建筑公司对项目部的民工在银行开立工资卡，建筑公司老板每月通过自己的本人银行卡将民工工资汇入民工工资卡。

第五步：劳务公司没有对项目进行劳务管理，虚列民工工资单做成本。

以上操作流程存在一定的税收风险，分析如下：

根据《最高人民法院关于适用〈全国人民代表大会常务委员会关于惩治虚开、伪造和非法出售增值税专用发票犯罪的决定〉的若干问题的解释》（法发〔1996〕30号）的规定，有货物购销或者提供或接受了应税劳务但为他人、为自己、让他人为自己、介绍他人开具数量或者金额不实的增值税专用发票；根据《中华人民共和国发票管理办法》第二十二条的规定，为他人、为自己开具与实际经营业务情况不符的发票是虚开发票行为。

根据《国家税务总局关于纳税人对外开具增值税专用发票有关问题的公告》（国家税务总局公告2014年第39号）的规定，对外开具增值税专用发票同时符合以下情形的，不属于对外虚开增值税专用发票。

（1）纳税人向受票方纳税人销售了货物，或者提供了增值税应税劳务、应税服务。

（2）纳税人向受票方纳税人收取了所销售货物、所提供应税劳务或者应税服务的款项，或者取得了索取销售款项的凭据。

（3）纳税人按规定向受票方纳税人开具的增值税专用发票相关内容，与所销售货物、所提供应税劳务或者应税服务相符，且该增值税专用发票是纳税人合法取得，并以自己名义开具的。

基于以上税收政策的规定，挂靠的劳务公司给建筑公司开具增值税专用发票（发票流）、收到了建筑公司通过对公账户支付劳务款（资金流）、挂靠的劳务公司与建筑公司签订劳务分包合同（合同流）和挂靠的劳务公司与建筑公司结算劳务款（劳务流），虽然符合"四流合一"，但是劳务公司没有参与民工管理，与民工没有签订劳动合同，民工工资表中的民工不是建筑企业项目部实际进行施工的民工，而是虚列的民工人数和民工名单。劳务公司没有组织农民工给建筑企业提供建筑劳务服务，从而劳务公司向建筑企业开具的发票时虚开的增值税发票，构成虚开增值税发票的行为，建筑企业收到劳务公司开具的发票不可以在企业所得税前扣除和抵扣增值税进项税额。

4. 税收风险四：个人所得税的风险和社保费用的风险

（1）核定征收项目部作业人员个人所得税的税收风险：劳务公司多缴纳个人所得税。根据国家税务总局 2015 年公告第 52 号文件的规定，建筑企业异地施工的项目部作业人员的个人所得符合核定征收条件的，在当地的税务部门按照开票的金额核定代征一定比例的个人所得税后，税务部门给企业开具完税凭证时，在完税凭证的税目栏中打印了"工资薪金所得"字样，建筑企业或劳务公司凭借该完税凭证和农民工工资表（按照农民工的实际支付工资列在工资表上，不需要虚列农民工人数，在工资表上都列成每位 5000 元）列入建筑企业或劳务公司的成本，在企业所得税前扣除。

可是，不少建筑企业或劳务公司注册的地方税务机关不认可建筑企业或劳务公司在异地项目部核定代征的个税，还得要求建筑企业或劳务公司按照全员全额申报个人所得税，从而致使建筑企业或劳务公司多缴纳个人所得税。

（2）没有核定征收项目部作业人员个人所得税的税收风险：劳务公司少缴纳个人所得税。

根据国家税务总局 2015 年公告第 52 号文件的规定，建筑企业或劳务公司异地施工的项目部作业人员的个人所得，没有在当地被税务机关核定征收个人所得税的情况下，必须在项目所在地的税务机关全员全额征收个人所得税。而现有的建筑企业或劳务公司在异地项目部的税务机关没有对项目部作业人员核定征收个人所得税的情况下，只是造工资表在财务上做成本，而没有向项目部所在地的税务机关全员全额申报个人所得税，致使建筑企业或劳务公司少缴纳个人所得税。

（3）社保风险：劳务公司没有给签订全日制劳动合同的农民工购买社保。根据《中华人民共和国社会保险法》和《中华人民共和国劳动合同法》的规定，劳务公司聘用的农民工与劳务公司签订全日制劳动合同的情况下，劳务公司给农民工购买社保，依法缴纳社会保险费用。但是，由于农民工流动频繁，劳务公司都没有给农民工依法缴纳社会保险。在社保费用征收移交给税务机关征收后，全国的社保征管口径将统一，如果劳务公司没有给签订全日制劳动合同的农民工依法缴纳社会保险，将面临被税务机关稽查处罚的风险。

（二）税收风险防范策略

策略一：在实施建筑工人实名制管理的项目部的农民工，必须按照真实出勤的农民工人数，造工资表，计算人工成本，绝对不允许虚列农民工人数，虚造工资表套取利润和增加人工成本。

策略二：各省对施工企业项目部的作业人员按照工程造价或经营收入的一定比例核定征收个人所得税后，建筑企业或劳务公司对民工工资成本直接按照实际支付给民工本人的月工资金额造工资支付清单，作为成本核算凭证。

策略三：劳务公司的班组长或包工头与劳务公司签订内部承包协议，约定：班组长或包工头以劳务公司的名义对外经营，所有的民事责任由劳务公司承担，班组长或包工头向劳务公司上交一定的利润或管理费，扣除所有的成本、费用和税金后的承包经营成果归班组长或包工头所有，班组长或包工头获得的承包经营所得，按照"承包经营所得"税目，在工程施工所在地自行申报缴纳个人所得税后，劳务公司直接通过公对私的形式，将"承包经营所得"从劳务公司账户划入班组长或包工头本人的银行卡，班组长或包工头从劳务公司获得的"承包经营所得"不需要到税务机关代开发票给劳务公司做账。

策略四：劳务公司与在户口所在地的社保所已经缴纳了农村社保（农村医疗保险和农村养老保险）的农民工签订全日制的劳动合同。

策略五：劳务公司与班组长签订劳务承包、劳务分包合同，班组长或包工头自行到施工项目所在地的税务局代开建筑劳务发票给劳务公司入账。

根据《中华人民共和国社会保险法》的规定，依法社保登记必须是劳动者与用人单位建立劳动关系，而班组长是个人，既不是公司也不是用人单位，其管辖的每一个农民工无法进行社保登记，因此，班组长所管辖的每位农民工不缴纳社保，如果要缴纳社保由农民工本人回其户口所在地自行缴纳社保费用。关于班组长和其管辖的农民工的个税在代开发票时，根据当地税务局的规定，按照代开发票金额（不含增值税）的一定比例代征个人所得税。因此，运用策略五，劳务公司不需要承担农民工的社保费用和代扣农民工的个人所得税。

10

建筑企业项目经理承包（负责）
制的财税法管控

许多建筑企业为了激励项目经理的工资积极性，往往实施项目经理内部承包制或项目经理负责制两种经营管理模式。现有建筑企业实施的项目经理承包（负责）制存在"法律风险、财务风险和税务风险"（以下简称"三大风险"），如果不从制度设计上、管理上进行规划或企业的顶层设计上进行谋划，产生的后果将不堪设想！肖太寿财税工作室（公众微信号：xtstax）通过对全国建筑企业的实地调研和咨询，总结为以下三大方面的研究报告：①现有建筑企业内部承包经营的两种模式及其存在"三大风险"的管理制度特征；②建筑企业项目经理内部承包（负责）制的财税安全策略；③建筑企业项目经理内部承包（负责）制中项目经理提取利润的两种合法渠道及其个税的处理。

现有建筑企业内部承包经营的两种模式及其存在"三大风险"的管理制度特征

（一）现有建筑企业内部承包经营的两种模式

实践调研显示，目前的建筑企业特别是民营建筑企业存在以下两种内部承包经营模式：

1. "建筑总公司+项目部"管理体制模式下的项目经理承包制

所谓的"总公司+项目部"的二级管理体制，是指建筑总公司中标工程后，总公司组建工程项目部开展具体的施工活动的项目管理体制。该管理体制模式下的项目经理承包制的特点如下：建筑企业通过自身的资源投标的项目或者是项目经理通过自身的人际关系和利用建筑企业的资质而投标的项目，都承包给项目经理，由项目经理全权负责整个项目的生产经营和管理。

2. "建筑总公司+事业部制区域公司+项目部"管理体制模式下的项目承包制

所谓的"建筑总公司+事业部制区域公司+项目部"是建筑总公司在某些区域（一般是在各个省的省会城市）组建事业部制区域公司，该事业部制区域公司承担总公司驻该区域的管理职能，该区域内的建筑工程项目，全是由总公司中标，然后在工程所在地以总公司名义组建项目部，归该区域事业部制区域公司管理的管理体制。在该管理体制模式下的项目承包制的特点如下：事业部制区域公司（肖太寿博士特别提醒：事业部制区域公司不是建筑总公司的分公司）的负责人，通过自身的人际关系和利用建筑总公司的资质而投标的项目，或者建筑总公司通过企业的资源投标的项目，都承包给事业部制区域公司的负责人（或区域经理）。

（二）现有建筑企业内部承包经营模式存在"三大风险"的经营管理制度特征

笔者经过深入企业内部调研显示，建筑行业全面营改增后，现有建筑企业项目经理内部承包经营模式，存在一定的法律风险、财务风险和税务风险。以上"三大风险"的经营管理制度体现以下特征：

1. 财务上实行建筑企业总公司统一核算的制度

具体的操作流程如下：

第一，建筑企业总公司向项目部或事业部制的区域公司派驻财务会计人员，负责本项目部或本区域公司管辖下的各项目部的财务会计核算。

第二，各项目部或事业部制区域公司的财务人员以建筑总公司的名义进行会计核算。

第三，各项目部或事业部制区域公司以建筑总公司名义在项目部或事业部制区域公司所在地设立临时结算账户。

2. 资金使用管理制度

第一，建筑公司收到业主的工程进度款时，首先扣下建筑总公司的管理费用和税金后，将剩下的资金全部划出给项目部或事业部制区域公司的临时结算账户（专用账户），或者将剩下的资金通过公对私的方式，全部从建筑公司账上划出给项目部或事业部制区域公司的项目承包者或项目经理本人的银行卡。

第二，在需要项目经理垫资的情况下，各项目部或事业部制区域公司的承包者或项目经理从民间融资，融到的资金没有转入建筑公司的对公账户，而是由项目经理将资金通过私对私的支付方式，从项目经理的个人银行卡、微信、支付宝直接支付给材料供应商、设备出租方、分包方、劳务公司、班组长、包工头。

第三，在不需要项目经理垫资的情况下，所有的资金都是通过项目部或事业部制区域公司的临时结算账户（专用账户）以现金支票或现金的形式支付给采购负责人员，然后由采购负责人员将现金支票或现金支付给供应商、分包方和设备出租方。在开具现金支票时，支票上的收款单位栏空着，不写收款方的单位名字。

第四，在建筑材料采购过程中的资金支付上，无论是主材、设备还是辅料，采购资金都是通过私对私的支付方式，由项目经理或承包者以现金或个人银行卡直接支付给材料供应商。

3. 物资采购管理制度

第一，建筑企业总公司没有设立建筑物资采购部门，各项目部或事业部制区域公司管辖下的各项目部的建筑物资采购全部由项目部经理或事业部制区域公司的承包者或项目经理指定人员负责采购事宜。

第二，有的工程项目的材料物资采购，全部由项目经理或承包者本人负责采购。

第三，大部分项目建筑材料的采购，都是从建筑黑市购买，选择不需要发票的裸价采购。

4. 合同管理制度

第一，所有的采购事宜，有的有采购合同，有的没有采购合同，即使有采购合同，都是项目部的采购负责人与供应商拟订的不规范的采购合同。

第二，材料到工地后的材料验收清单管理不规范，有的有验收清单，有的没有验收清单。

5. 发票开具和使用管理制度

第一，项目部所有收入的发票，由建筑总公司向业主或发包方统一开具，开具发票的时点是收到业主或发包方支付工程进度款时，即根据收款的时间点向业主或发包方开具发票。如果工程已经完工，对于拖欠的工程进度款，建筑总公司不开发票。

第二，在不需项目经理或承包者垫资的情况下，所有的采购、分包等进项成本发票获取的时间是，各项目部或事业部制区域公司的采购负责人从各项目部或事业部制区域公司的财务负责人开出现金支票后，再到有关供应商或分包商获取发票，拿回各项目部或事业部制区域公司的财务负责人做账（先付款后索取发票）。

第三，在需要项目经理垫资的情况下，项目经理向民间融资后，项目经理将资金通过私对私的支付方式，从项目经理的个人银行卡、微信、支付宝直接支付给材料供应商、设备出租方、分包方、劳务公司、班组长、包工头，然后从以上收款方索取发票或者从第三方购买发票，或者到税务机关代开发票，交回建筑公司财务部进项报销。

6. 项目部或事业部制区域公司承包者的利润获取渠道

第一，增加材料成本发票，将材料发票拿回公司财务部进行报销。具体如下：

首先，购买材料时，往往向材料供应商给予税点而要求材料供应商多开材料发票，虚增材料成本。

其次，市场与销售建筑材料的个体工商户签订采购建筑辅料的假合同，然后凭假合同到当地税务部门代开发票，自己承担代开发票的税点而拿税务部门代开的发票回施工企业财务部报销。

最后，料供应商给税点购买发票拿回财务报账。

第二，虚增人工费用：一是通过民工工资表的形式，虚增民工人员，增加工资成本，回财务部报销；二是向劳务派遣公司或建筑劳务公司支付税点，多开劳务发票从而增加人工成本。

第三，通过中介购买发票，或签订假合同构成虚假交易，到税务部门代开发票，回建筑公司财务部报销套取利润。

（三）现有建筑企业内部承包经营模式的经营管理制度存在的财税法律风险

通过以上建筑企业内部承包经营模式的经营管理制度的特点来看，现有建筑企业内部承包经营模式的经营管理存在以下财税收法律风险。

1. 税务风险

不符合"四流一致"或"三流一致"，导致虚开发票或不能抵扣增值税进项税金的风险。

根据《国家税务总局关于纳税人对外开具增值税专用发票有关问题的公告》（国家税务总局公告 2014 年第 39 号）的规定，对外开具增值税专用发票同时符合以下情形的，不属于对外虚开增值税专用发票。

（1）纳税人向受票方纳税人销售了货物，或者提供了增值税应税劳务、应税服务。

（2）纳税人向受票方纳税人收取了所销售货物、所提供应税劳务或者应税服务的款项，或者取得了索取销售款项的凭据。

（3）纳税人按规定向受票方纳税人开具的增值税专用发票相关内容，与所销售货物、所提供应税劳务或者应税服务相符，且该增值税专用发票是纳税人合法取得、并以自己名义开具的。基于以上税收政策规定，第一条的内涵是物流（劳务流）；第二条的内涵是资金流；第三条的内涵是票流。综合起来，根据国家税务总局公告 2014 年第 39 号的规定，如果一项销售行为或劳务行为同时满足，销售方（劳务提供方）、增值税专用发票的开具方、款项的收款方是同一民事主体，或者说是满足"合同流、劳务流（物流）、资金流和票流"等"四流一致"的采购行为（劳务行为），不属于对外虚开增值税专用发票的行为。

《国家税务总局关于加强增值税征收管理若干问题的通知》（国税发〔1995〕192号）第一条第（三）项规定：**"购进货物或应税劳务支付货款、劳务费用的对象。纳税人购进货物或应税劳务，支付运输费用，所支付款项的对象，必须与开具抵扣凭证的销货单位、提供劳务的单位一致，才能够申报抵扣进项税额，否则不予抵扣。"** 该文件特别强调"所支付款项的对象，必须与开具抵扣凭证的销货单位、提供劳务的单位一致"，其含义是：至于谁支付款项并不重要，没有特别强调支付款项的单位，必须一定是采购方或劳务接受方。只要收款方与开具增值税专用发票的单位是同一个单位，则获取增值税专用发票的单位就可以申报抵扣增值税进项税额，否则就不可以申报抵扣增值税进项税额。

基于此规定，货物流、资金流、票流一致，在可控范围内可以安全抵扣，票面记载货物与实际入库货物必须相符，票面记载的开票单位与实际收款单位必须一致，必须保证票款一致。基于以上税收法律政策分析，建筑企业内部承包经营模式的经营管理制度，存在项目部或事业部制区域公司的采购负责人购买建筑材料，通过财务部门开具的现金支票或支付的现金，采购负责人再支付给材料供应商、分包商和设备出租方，索取增值税专用发票（也有可能采购负责人从第三方买发票）来财务报销的现象，是典型的"票款不一致"和"三流不统一"，甚至是虚开增值税发票，是不可以抵扣增值税进项税。

2. 刑事法律风险

由于采购、货款支付和索取供应商发票缺乏制衡机制，很容易出现项目部或事业部制区域公司的采购负责人用钱购买发票或向供应支付税点多索取发票回财务部套现，从而犯虚开增值税专用发票罪。

《最高人民法院关于适用〈全国人民代表大会常务委员会关于惩治虚开、伪造和非法出售增值税专用发票犯罪的决定〉的若干问题的解释》（法发〔1996〕30号）规定，具有下列行为之一的，属于"虚开增值税专用发票"：

（1）没有货物购销或者没有提供或接受应税劳务而为他人、为自己、让他人为自己、介绍他人开具增值税专用发票。

（2）有货物购销或者提供或接受了应税劳务但为他人、为自己、让他人为自己、介绍他人开具数量或者金额不实的增值税专用发票。

（3）进行了实际经营活动，但让他人为自己代开增值税专用发票。根据《最高人民法院关于虚开增值税专用发票定罪量刑标准有关问题的通知》（法〔2018〕226号）第二条的规定，**虚开的税款数额在5万元以上的，以**

虚开增值税专用发票罪处三年以下有期徒刑或者拘役，并处 2 万元以上 20 万元以下罚金；虚开的税款数额在 50 万元以上的，认定为《刑法》第二百零五条规定的"数额较大"；虚开的税款数额在 250 万元以上的，认定为《刑法》第二百零五条规定的"数额巨大"。

基于以上法律规定，项目部或事业部制区域公司的采购负责人用钱购买发票或向供应支付税点多索取发票回财务部套现，是存在真实交易行为的情况下，让他人为自己开具数量或者金额不实的增值税专用发票的现象，构成虚开增值税发票的行为，将面临一定的刑事处罚。

3. 财务风险

存在被内部人举报公司虚列成本漏税、做假账的风险。

由于以上分析的内部承包经营管理制度，项目部或事业部制区域公司的财务人员知道公司存在虚开增值税发票和购买发票增加成本少交税的可能。一旦有对公司有不满情形的财务人员从公司辞职，向税务稽查机关、纪律检查部门、公安经侦部门举报公司存在虚开增值税发票和购买发票增加成本少交税的违法行为，公司将面临不堪设想的后果。

建筑企业项目经理内部承包（负责）制的财税安全策略

为了促进企业规避财税法律风险，增强企业的税收安全，必须从制度设计下功夫，在管理上进行规范经营。笔者认为，建筑企业项目经理内部承包（负责）制必须采用以下涉税内控制度的财税安全策略。具体的制度设计如下：

（一）涉税内控制度设计的原则

由于国有建筑企业的资产、利润属于国务院国有资产监督管理委员会（以下简称国资委），采用项目经理内部承包制模式会涉嫌国有资产流失或国有资产侵吞的行为，而民营建筑企业的经营模式由民营建筑企业自定，政府不干预民营企业的生产经营。因此，对建筑企业采用项目经理负责制还是选择项目经理内部承包制，要遵循一个基本的原则：国有建筑企业不能采用项目经理承包制，只能采用项目经理负责制；民营建筑企业既可以采用项目经理负责制也可以采用项目经理内部承包制。

（二）合同管理制度

合同决定业务流程，业务流程决定税收，合同是控制企业税收的主要源头。由于建筑业务涉及建筑总承包合同、采购合同、分包合同、租赁合同等各类合同的签订，因此，建筑企业项目经理内部承包（负责）制中的合同管理制度如下：

（1）实行统一的合同会签制度。具体的操作要点：

第一，各项目部或事业部制区域公司必须使用建筑总公司统一模板的合同范本。

建筑总公司必须制定适合自身经营范围的统一模板的各类合同范本。各项目部或事业部制区域公司在签订所有的进项类合同时，必须使用建筑总公司统一的合同模板，以建筑总公司的名义与材料供应商，分包商和设备出租方等第三方签订合同。不得让各项目部或事业部制区域公司随便从网上下载不规范的合同跟第三方签订合同，然后将合同交回建筑总公司签字盖章。

第二，所有的合同由建筑总公司合同管理部门审核、评审。

各项目部或事业部制区域公司实施项目中涉及的进项类合同（劳务分包合同、物资采购合同、机械设备租赁合同、周转材料租赁合同）必须由建筑总公司法律部或合同管理部门统一审核、评审，然后由项目经理或承包者拿到第三方签字盖章，最后由建筑总公司的法人代表签字盖章。

（2）实行统一的合同管理制度。

第一，所有的合同必须在建筑总公司合同管理部门进行备案建档管理。签订进项类合同时，各项目部或事业部制区域公司必须向建筑总公司合同管理部或法律部提供中标项目投标文件完整的工作量清单，以便建筑总公司合同管理部或法律部就中标项目工作量和进项类合同采购量进行核实。建筑总公司合同管理部对各项目部或事业部制区域公司的项目实施过程中涉及的进项类合同履行实行审核与监督，对各项目部或事业部制区域公司履行合同过程中的不当行为有指导其整改的职责。各项目部或事业部制区域公司与供应方签署的进项类合同一式五份，合同管理部留原件三份建档备案，各项目部或事业部制区域公司施工现场留原件（副本）一份存档，另原件（正本）一份为进项类合同供应方留存。所有的进项合同必须交给建筑总公司合同管理部门进行备案管理，未经建筑总公司盖章并在建筑总公司合同管理部门备案的进项类合同均视为无效合同。

第二，合同盖章的顺序管理。如果建筑总公司对各项目部或事业部制区域公司项目实行非电子化管理，则各项目部或事业部制区域公司先从建筑总公司领用未盖章的书面字纸合同范本，然后交给相关第三方盖章签字，最后交回建筑总公司盖章签字。如果建筑总公司对各项目部或事业部制区域公司项目部实行信息化管理，对合同签订实施电子合同签订程序，则由建筑总公司合同管理部门统一审核电子合同无误后，打印出来后交由各项目部或事业部制区域公司递交给第三方签字盖章后，再交回建筑总公司签字盖章。

第三，合同领用与编号管理。各项目部或事业部制区域公司从建筑总公司领用纸质合同范本或审核后的电子合同时，建筑总公司必须实行编号领用制度，各项目部或事业部制区域公司从建筑总公司领用纸质合同范本或审核后的电子合同。如果出现写错的纸质合同或没有与第三方签订的合同，则必须交回建筑总公司保管，不能随意丢弃，否则罚款。

第四，财务部门凭合同付款管理。与各项目部或事业部制区域公司管辖下的项目有关的所有进项类合同必须传递一份给建筑总公司财务部或财务处，财务部门凭借和审核合同付款。

（3）视同为合同性质凭证的管理。在税法上，采购订单、发货单、提货单、验核、货确认单和结算单是视同为合同性质的凭证。由于各项目部或事业部制区域公司负责人拥有材料设备物质的采购权和定价权，所以项目部必须配备材料核算员，对项目中进项类合同（物资采购合同、机械设备租赁合同、周转材料租赁合同）涉及相关采购和租赁业务的材料和设备的入库及出库进行现场清点，填写好验收清单，一式两份，一份留给供应商等第三方，一份留给各项目部或事业部制区域公司的财务部作为付款和收取增值税发票的依据。

（三）项目经理与建筑企业的合作方式

（1）项目经理负责制下的项目经理与建筑企业的合作方式：实施项目成本或项目利润率指标控制制度。具体的操作要点如下：

第一，建筑总公司确定各项目的工程成本指标或各项目的利润率指标。建筑总公司的成本预算部对每个中标的项目，根据合同总金额（不含增值税）、工程概算造价清单，编制好工程成本指标。作为各项目部或事业部制区域公司下各项目的成本控制考核指标，或者建筑总公司根据合同额（不含增值税）的一定比例确定项目利润率指标，作为各项目部或事业部制区域公司项目经理或承包者向建筑总公司完成的项目利润率考核指标。

第二，超过或低于建筑总公司制定的成本控制指标的处理。超过成本控制指标部分由各项目部或事业部制区域公司项目经理或承包者承担，低于成本控制指标部分作为各项目部或事业部制区域公司负责人的考核奖励。

第三，超过或低于建筑总公司制定的项目利润率指标的处理。低于项目利润率控制指标部分由各项目部或事业部制区域公司负责人承担，超过项目利润率控制指标部分作为各项目部或事业部制区域公司负责人的考核奖励。

（2）项目经理内部承包制下的项目经理与建筑企业的合作方式：内部承包，项目经理上交管理费，扣除成本税金后的经营成果归项目经理所有。

建筑企业与项目经理签订内部承包协议约定：项目经理以建筑企业的名义对外经营，建筑企业对外承担民事法律责任，项目经理向施工总承包方上交一定的管理费用，经营所得归项目经理所有。

（四）实施项目生产经营负责制

（1）项目负责人负责项目的各项生产经营技术指标。建筑总公司与各项目部或事业部制区域公司项目经理或承包者必须签订项目生产经营责任状：项目经理或承包者负责项目的生产安全、工程质量、农民工的劳资管理、项目的所有物资采购、工程结算、合同签订，达到国家规定的技术指标。

（2）项目成本费用负责制。在项目经理负责制下，各项目部或事业部制区域公司项目经理或承包者负责承担项目所发生的所有成本，确保成本不超过建筑总公司下达的各项成本控制指标，否则超过部分的支出由项目经理或承包者自己承担。节约的成本支出属于各项目部或事业部制区域公司项目经理或承包者的绩效考核奖。

在项目经理承包制下，各项目部或事业部制区域公司项目经理或承包者负责承担项目所发生的所有成本和发生的税金。

（五）实施集中统一的财务收付结算管理制度

1. 实施全程信息化管理的建筑企业

建筑总公司与各项目部或事业部制区域公司实施全程信息化办公管理的具体的操作要点如下：

（1）人员管理。实施各项目部或事业部制区域公司的财务主管和会计核算人员派遣制度。各项目部或事业部制区域公司的财务主管和会计核算人员全部由建筑总公司统一派遣，受建筑总公司财务部统一垂直领导。事业部制区域公司的财务主管在一定期限满后，必须与其他事业部制区域公司的财务主管进行交换轮岗。

（2）账务事项管理。各项目部或事业部制区域公司旗下的项目部以建筑总公司为会计核算主体。在平常的业务核算上，各项目部或事业部制区域公司旗下的项目部的收入和成本，都以建筑总公司的名义建账进行会计核算。

（3）资金收支付管理。首先，项目部提前编制资金使用计划，向总部提出付款申请。各项目部或事业部制区域公司不设立临时结算户，建筑总公司实施"收支两条线"管理，在建筑总公司财务部设立资金处，统一调配建筑总公司内部的资金使用。各项目部或事业部制区域公司旗下的项目部涉及的采购、专业分包、劳务分包等需要的资金支付，提前编制一定期限的资金支付使用计划，在规定的时间内上报建筑总公司财务部，提出付款申请。

其次，主材、设备和机械租赁款的支付：总部资金处按照"见票付款"的原则，审核相关付款法律凭证，满足"四流合一"条件后，向第三方付款。在项目经理或承包者不要垫资的项目，各项目部或事业部制区域公司的项目负责人、财务负责人审核合同、验收材料清单、分包工程进度结算书或分包工程量清单等有关法律凭证无误后，必须在收到第三方开具的增值税发票，而且满足"四流合一"条件后，由建筑总公司部财务部的资金处，按照公对公账户的原则，从建筑总公司银行存款账户直接支付给与工程项目有真实业务往来的供应商、分包商、设备出租方的银行账户。

在项目经理或承包者要垫资的项目，项目经理或承包者自行从民间融到的资金，不能由项目经理或承包者直接从其个人银行卡划入第三方银行账户（私对公账户），必须由项目经理或承包者从其个人银行卡划入建筑企业总部资金处，建筑企业在财务上登记借款处理，然后按照审核的合同，由建筑企业总部资金处付给第三方。

再次，零星辅料采购费用的报销各项目部或事业部制区域公司负责人，以建筑总公司名义为项目施工所购买得辅料，可以由项目经理或承包者以现金支付、微信支付、支付宝支付，然后索取发票回各项目部或事业部制区域公司财务处报销。但是建议单次报销在2万元以内，最多不能超过5万元，而且只能领普票报销，不能领专票报销。辅料报销时，必须按照一定的费用报销流程，提供销售方盖章的销售清单明细。

最后，业主或发包方的工程进度款全部划入建筑总公司的财务部，绝对不允许建筑企业财务部扣下管理费和税金后，一次性从建筑企业公账户或通过现金的形式直接支付给项目经理或承包者本人的银行卡。

2. 没有实施信息化管理的建筑企业

对于没有实施信息化管理（OA办公系统）的建筑企业，按照以下流程进行资金支付。

首先，各项目部或事业部制区域公司在工程所在地选择一家银行，以建筑总公司的名义在申请单独开设临时银行结算户（或项目部专属账户）。

其次，各项目部或事业部制区域公司的财务负责人将提前一定期限编制的项目资金使用支付计划和资金支付申请，传递给建筑总公司财务部，审核后，建筑总公司将申请额度的资金划入设临时银行结算户（或项目部专属账户）。

最后，各项目部或事业部制区域公司财务处，根据"见票付款"原则，将资金通过临时结算账户，公对公对外支付。资金的支付管理按照以上"建筑总公司与各项目部或事业部制区域公司实施全程信息化办公管理的具体的操作要点"中的"资金支付管理"中的"第二、第三和第五点"的规定进行支付。

3. 票据开具管理制度

各项目部根据《建设工程施工承包合同》及时以建筑总公司的名义与发包方进行工程结算。建筑总公司财务部要制定《发票管理办法》，开具发票前，由项目部经办人员填写《发票开具申请表》，经项目部的经办人员、项目负责人、项目财务负责人签字后，交由建筑总公司相关管理部门、财务部核准，建筑总公司财务部税务经办人员根据核准的《发票开具申请表》向发包单位开具增值税专用发票或普通发票。

建筑企业项目经理内部承包（负责）制中项目经理提取利润的两种合法渠道及其个税的处理

（一）建筑企业项目经理负责制下的项目经理提取利润的合法渠道及个税的处理

1. 项目经理负责制下的项目经理提取利润的合法渠道

由于项目经理负责制下的项目经理只负责项目中的工程施工进度、质量安全、成本指标和利润指标的完成以及环境污染控制等任务。项目经理是建筑企业的内部员工，与建筑企业构成雇佣与被雇佣的法律关系，如果项目经理完成公司规定的各项指标任务，公司将给予项目经理一定的绩效奖励。各项目部或事业部制区域公司项目经理获得的项目考核绩效奖如何从建筑公司总部提取呢？绝对不可以虚列农民工工资多造工资表、虚开材料发票和购买发票做大成本套取项目绩效考核奖，必须通过以下三种合法方式提取：

其一，每月给项目经理预发工资。

其二，建筑企业账上属于各项目部经理或事业部制区域公司负责人考核绩效奖份额部分的利润扣除为其预发工资的剩余部分，通过年终奖的方式发放，并依照年终奖的税收政策计算并扣除个人所得税。

其三，可以通过适量的费用发票，如业务招待费用、差旅费用、会议费用进行报销。

2. 项目经理负责制下的项目经理提取利润的个人所得税处理

项目经理负责制下的项目经理获得项目绩效奖是"工资薪金综合所得"，必须按照"工资薪金综合所得"进行个人所得税处理。具体处理如下：

由建筑企业按月依照"累计预扣法"预扣预缴项目经理的个人所得税。

根据《个人所得税扣缴申报管理办法（试行）》第八条（工资薪金所得的预扣预缴）扣缴义务人向居民个人支付工资薪金所得时，应当按照累计预扣法预扣预缴税款，并按月办理全员全额扣缴申报，具体操作要点如下：

首先，计算累计应预扣预缴税额。用人单位以纳税人（劳动者）截至当前月份累计工资薪金所得收入额减除纳税人申报的累计基本减除费用、专项扣除、专项附加扣除和依法确定的其他扣除后的余额为累计预缴应纳税所得额，适用工资薪金所得预扣预缴税率表一，计算累计应预扣预缴税额，再减除已预扣预缴税额，余额作为本期应预扣预缴税额。余额为负值时，暂不退税。纳税年度终了后余额仍为负值时，可通过年度汇算清缴、多退少补。

表 10-1　个人所得税预扣率表一

（居民个人劳务报酬所得预扣预缴适用）

级数	累计预扣预缴应纳税所得额	预扣率（%）	速算扣除数
1	不超过 36000 元	3	0
2	超过 36000 元至 144000 元的部分	10	2520
3	超过 144000 元至 300000 元的部分	20	16920
4	超过 300000 元至 420000 元的部分	25	31920
5	超过 420000 元至 660000 元的部分	30	52920
6	超过 660000 元至 960000 元的部分	35	85920
7	超过 960000 元的部分	45	181920

具体计算公式如下：

本期应预扣预缴税额＝（累计预扣预缴应纳税所得额×预扣率–速算扣除

数）–累计减免税额–累计已预扣预缴税额

累计预扣预缴应纳税所得额＝累计收入–累计免税收入–累计基本减除费用–累计专项扣除–累计专项附加扣除–累计依法确定的其他扣除

其中，累计基本减除费用，按照 5000 元/月乘以当前月份数计算。

其次，扣除劳动者的专项附加扣除。《个人所得税专项附加扣除操作办法（试行）》第十一条规定：**扣缴义务人办理工资薪金所得预扣预缴税款时，应当根据纳税人报送的《个人所得税专项附加扣除信息表》为纳税人办理专项附加扣除。扣缴义务人应当按规定向纳税人提供其专项附加扣除内容及金额等信息。**

最后，专项附加扣除费用的扣除时间。根据《个人所得税专项附加扣除操作办法（试行）》（国家税务总局公告 2018 年第 60 号）第四条第一款的规定，享受子女教育、继续教育、住房贷款利息或者住房租金、赡养老人专项附加扣除的纳税人，自符合条件开始，可以支付工资、薪金所得的扣缴义务人提供上述专项附加扣除有关信息，由扣缴义务人在预缴税款时，按其在本单位本年可享受的累计扣除额办理扣除；也可以选择在次年 3 月 1 日至 6 月 30 日内，向汇缴地主管税务机关办理汇算清缴申报时扣除。

某建筑企业预扣预缴项目经理工资薪金综合所得个税

（一）案情介绍

（1）2019 年 1 月 8 日，甲建筑企业应向杨女士支付工资 13500 元，杨女士在该月除由任职单位扣缴"三险一金"2560 元外，还通过单位缴付企业年金 540 元，自行支付税优商业健康保险费 200 元。

（2）杨女士已于 2019 年 1 月支付了女儿学前教育的 2019 年上学期（2019 年 1~8 月）学费 7000 元，大儿子正在上小学，现已与丈夫约定由杨女士按子女教育专项附加扣除标准的 100% 扣除。

（3）杨女士本人是在职博士研究生在读。

（4）杨女士去年使用商业银行个人住房贷款（或住房公积金贷款）购买了首套住房，现处于偿还贷款期间，每月需支付贷款利息 1300 元，已与丈夫约定由杨女士进行住房贷款利息专项附加扣除。

（5）因杨女士所购住房距离小孩上学的学校很远，以每月租金 1200 元在（本市）孩子学校附近租住了一套房屋。

（6）杨女士的父母均已满60岁（每月均领取养老保险金），杨女士与姐姐和弟弟签订书面分摊协议，约定由杨女士分摊赡养老人专项附加扣除800元。

（7）2019年2月2日，甲建筑公司应支付杨女士工资13500元，同时发放国庆节的过节福利费4500元，合计18000元。单位扣缴"三险一金"，杨女士缴付企业年金、支付税优商业健康保险费和杨女士可享受的各类专项附加扣除等金额每月都相同。请问：杨女士9月和10月预扣预缴多少个人所得税？

（二）计算杨女士2019年1月个人所得税时可扣除的金额

（1）基本扣除费用5000元。

（2）专项扣除"三险一金"2560元。

（3）专项附加扣除4200元：

1）子女教育专项附加扣除2000元（女儿和儿子各1000元）。

2）继续教育专项附加扣除400元。

3）住房贷款利息专项附加扣除1000元。

4）赡养老人专项附加扣除800元。

（4）依法确定的其他扣除740元（企业年金540元，支付税优商业健康保险费200元）。

杨女士2019年1月应纳税所得额＝13500-5000-2560-4200-740＝1000（元）

应在1月预扣预缴杨女士个人所得税＝1000×3%＝30（元）

（三）计算杨女士2019年2月个人所得税时可扣除的金额

（1）基本扣除费用5000元。

（2）专项扣除"三险一金"2560元。

（3）专项附加扣除4200元：

1）子女教育专项附加扣除2000元（女儿和儿子各1000元）。

2）继续教育专项附加扣除400元。

3）住房贷款利息专项附加扣除1000元。

4）赡养老人专项附加扣除800元。

（4）依法确定的其他扣除740元（企业年金540元，支付税优商业健康保险费200元）。

（四）按"累计预扣法"方式预扣预缴税款

在1月已预扣预缴杨女士个人所得税30元。

杨女士2月累计应税收入＝13500+13500+4500＝31500（元）

杨女士2月累计扣除额＝5000×2+2560×2+4200×2+740×2＝25000（元）

杨女士2月累计预扣预缴应纳税所得额＝31500-25000＝6500（元）

2月累计应预扣预缴杨女士个人所得税＝6500×3%＝195（元）

2月当月应预扣预缴杨女士个人所得税＝195-30＝165（元）

（二）项目经理获得项目绩效考核奖的个税筹划方法

1. 项目经理取得全年一次性奖金个税筹划的法律依据分析

根据《财政部、国家税务总局关于个人所得税法修改后有关优惠政策衔接问题的通知》（财税〔2018〕164号）第一条第（一）项的规定。**居民个人取得全年一次性奖金，符合《国家税务总局关于调整个人取得全年一次性奖金等计算征收个人所得税方法问题的通知》（国税发〔2005〕9号）规定的，在2021年12月31日前，不并入当年综合所得，以全年一次性奖金收入除以12个月得到的数额，按照本通知所附按月换算后的综合所得税率表（简称月度税率表），确定适用税率和速算扣除数，单独计算纳税**。计算公式为：

应纳税额＝全年一次性奖金收入×适用税率-速算扣除数

居民个人取得全年一次性奖金，也可以选择并入当年综合所得计算纳税。

自2022年1月1日起，居民个人取得全年一次性奖金，应并入当年综合所得计算缴纳个人所得税。

基于以上税法政策规定，肖太寿财税工作室（公众微信号：xtstax）认为居民个人取得全年一次性奖金收入的个税计算方法如下：

第一种，在2021年12月31日之前取得的全年一次性奖金收入可以从以下两种计税方法中任选一种：

（1）不并入当年综合所得计算法。即居民个人将取得的全年一次性奖金收入不并入当年综合所得，直接以取得的全年一次性奖金收入除以12个月得到的数额，查找按月换算后的综合所得税率表（简称月度税率表），确定适用税率和速算扣除数，单独计算纳税。计算公式为：

应纳个人所得税额＝全年一次性奖金收入×适用税率-速算扣除数

表10-2　按月换算后的综合所得情况

级数	全月应纳税所得额	税率（%）	速算扣除数
1	不超过3000元的	3	0
2	超过3000元至12000元的部分	10	210

级数	全月应纳税所得额	税率（%）	速算扣除数
3	超过 12000 元至 25000 元的部分	20	1410
4	超过 25000 元至 35000 元的部分	25	2660
5	超过 35000 元至 55000 元的部分	30	4410
6	超过 55000 元至 80000 元的部分	35	7160
7	超过 80000 元的部分	45	15160

（2）并入当年综合所得计算法。即居民个人将取得的全年一次性奖金收入并入当年综合所得，按照新的《中华人民共和国个人所得税法》（中华人民共和国主席令第9号），按照年度计税个人所得税，在次年的3月31日和6月30日之前进行个人所得税的汇算清缴。以每一纳税年度的收入额（含并入的全年一次性奖金收入）减去费用6万元以及专项扣除、专项附加扣除和依法确定的其他扣除后的余额，为应纳税所得额，然后按照个人所得税税率表一（综合所得适用）的超额累进税率计算个人所得税。

表 10-3　个人所得税税率表一（综合所得适用）

级数	全年应纳税所得额	税率（%）
1	不超过 36000 元的	3
2	超过 36000 元至 144000 元的部分	10
3	超过 144000 元至 300000 元的部分	20
4	超过 300000 元至 420000 元的部分	25
5	超过 420000 元至 660000 元的部分	30
6	超过 660000 元至 960000 元的部分	35
7	超过 960000 元的部分	45

　　第二种，在 2022 年 1 月 1 日后取得的全年一次性奖金收入的个税计算方法：并入当年综合所得计算法。

　　自 2022 年 1 月 1 日起，居民个人取得全年一次性奖金，必须并入当年居民个人取得的综合所得计算缴纳个人所得税。具体计算方法与第一种年终奖计算方法中的第二种计算方法是一样的。

2. 筹划策略及案例分析

第一，在2021年12月31日前居民取得的全年一次性奖金收入，要将全年一次性奖金收入并入当年综合所得计算个税和全年一次性奖金收入与工资分别计算个税再加总计算个税，选择缴税最少的方式，不一定非得应用全年一次性奖金收入单独计税方式。

第二，在2022年1月1日后，居民个人取得的全年一次性奖金，要充分扣除超额累计税率的税率级距的"零界点"。

某建筑企业项目经理取得全年一次性绩效考核奖个税筹划

（一）案情介绍

李华是某建筑企业的项目经理，建筑企业实施项目经理负责制，根据项目经理的工作业绩实施年终考核。2019年取得工资收入20万元，其中个人负担的社保每月500元，专项附加扣除每月3000元（子女教育1000元，房贷利息1000元，赡养老人1000元），年末建筑企业给项目经理发放年终绩效考核奖10万元。请问：2019年李华个人所得税如何筹划才能缴纳最少个税？

（二）李华应缴纳个税的计算

1. 并入当年综合所得计算法：年终奖与工资合并计算

应纳个人所得税=（200000+100000-60000-500×12-3000×12）×20%-16920=39600-16920=22680（元）

2. 不并入当年综合所得计算法：年终奖与工资分别计算

工资应纳个人所得税=（200000-60000-500×12-3000×12）×10%-2520=9800-2520=7280（元）

年终奖应纳个人所得税=100000×10%-210=10000-210=9790（元）

100000÷12=8333（元），按月换算后的综合所得税率表，确定适用税率和速算扣除数分别为10%和210。

合计应纳个人所得税=7280+9790=17070（元）

3. 纳税结论

不并入当年综合所得比并入当年综合所得纳税减少个人所得税5610（22680-17070）元。

（三）个税筹划方案

通过以上涉税成本计算分析，个税筹划方案为：将李华取得的一次性奖金收入 10 万元不并入当年的综合所得 20 万元计算，应单独计算个人所得说。

某居民个人取得全年一次性奖金收入个税的计算

（一）案情介绍

刘兰是某建筑企业的项目经理，建筑企业实施项目经理负责制，根据项目经理的工作业绩实施年终考核。2019 年取得工资收入 20 万元，其中个人负担的社保每月 500 元，专项附加扣除每月 3000 元（子女教育每月 1000 元，房贷利息每月 1000 元，赡养老人每月 1000 元），年末建筑企业给项目经理发放年终绩效考核奖 20 万元。请问：2019 年刘兰个人所得税如何筹划才能缴纳最少的个税？

（二）刘兰应缴纳个税的计算

1. 并入当年综合所得计算法：年终奖与工资合并计算

应纳个人所得税＝（200000＋200000－60000－500×12－3000×12）×20%－16920＝43600－2520＝26680（元）

2. 不并入当年综合所得计算法：年终奖与工资分别计算

工资应纳个人所得税＝（120000－60000－500×12－3000×12）×3%＝18000×3%＝540（元）

年终奖应纳个人所得税＝200000×20%－1410＝40000－1410＝38590（元）

200000÷12＝16667（元），按月换算后的综合所得税率表，确定适用税率和速算扣除数分别为 20% 和 1410。

合计应纳个人所得税＝540＋38590＝39130（元）

3. 纳税结论

不并入当年综合所得比并入当年综合所得纳税增加个人所得税 12450（39130－26680）元。

（三）个税筹划方案

通过以上涉税成本计算分析，个税筹划方案为：将刘兰取得的一次性奖金收入 20 万元并入当年的综合所得 20 万元计算，合并计算个人所得税。

（三）项目经理内部承包制下的项目经理获取利润的合法渠道及个税的处理

根据《中华人民共和国个人所得税法实施条例》（中华人民共和国国务院令第707号）第六条第（五）项和《国家税务总局关于个人所得税自行纳税申报有关问题的公告》（国家税务总局公告2018年第62号）第二条的规定，**个人对企业、事业单位承包经营所得是个人取得的"经营所得"，必须按照"经营所得"计算个税。**基于此规定，实施项目经理内部承包制的项目经理从建筑企业取得利润的合法渠道及其个税处理分析如下：

1. 合法取得利润的方法一及个税的处理

合法取得利润的方法一。项目经理通过企业事业单位的"承包经营所得"应税项目，依法自行申报个税后，建筑企业将"承包经营所得"直接从建筑企业的银行账户划入项目经理的个人银行卡（公对私转账）。

建筑行业项目经理内部承包经营所得个人所得税分两种情况的处理：

（1）项目经理内部承包经营所得归项目经理所有的个税处理。如果建筑企业与项目经理签订内部承包协议约定：项目经理以建筑企业的名义对外经营，建筑企业对外承担民事法律责任，项目经理向建筑企业上交一定的管理费用，经营所得项目归经理所有，则项目经理获得的承包"经营所得"必须按照"经营所得"进行个人所得税处理。具体处理如下：

首先，"经营所得"的个税实施自行纳税申报而不是代扣代缴的制度。2018年8月31日通过的《中华人民共和国个人所得税法》（中华人民共和国主席令第9号）第九条规定：**个人所得税以所得人为纳税人，以支付所得的单位或者个人为扣缴义务人。**《个人所得税扣缴申报管理办法（试行）》（国家税务总局公告2018年第61号）第四条规定：**实行个人所得税全员全额扣缴申报的应税所得包括：（一）工资、薪金所得；（二）劳务报酬所得；（三）稿酬所得；（四）特许权使用费所得；（五）利息、股息、红利所得；（六）财产租赁所得；（七）财产转让所得；（八）偶然所得。**基于以上税法规定，个体工商户业主、个人独资企业投资者、合伙企业个人合伙人、承包承租经营者个人以及其他从事生产、经营活动的个人取得经营所得，不属于"个税代扣代缴"的范围，必须由取得"经营所得"的个人自行进行纳税申报。

其次，"经营所得"的个税自行纳税申报方法：按年计算个税，按月或季预缴个税，次年3月31日前汇算清缴（查账征收个税的情况下），核定应税所得率征收个税的"经营所得"不需要汇算清缴。

第一，实施查账征收个税的"经营所得"适用的个税税率。根据《中华人民共和国个人所得税法》（中华人民共和国主席令第9号）第二条、第三条和第六条的规定，实施查账征的自然人、个体工商户、个人独资企业、个人合伙人取得的"经营所得"，以每一纳税年度的收入总额减除成本、费用以及损失后的余额为应纳税所得额，应当适用5%～35%的超额累进税率（见个人所得税税率表二）缴纳个人所得税。在按月或按季预缴税时，适用的税率表见个人所得税税率表二。

表10-4 个人所得税税率表二（经营所得适用）

级数	全年应纳税所得额	税率（%）
1	不超过30000元的	5
2	超过30000元至90000元的部分	10
3	超过90000元至300000元的部分	20
4	超过300000元至500000元的部分	30
5	超过500000元的部分	35

注：本表所称全年应纳税所得额是指依照《中华人民共和国个人所得税法》（中华人民共和国主席令第9号）第六条的规定，以每一纳税年度的收入总额减除成本、费用以及损失后的余额。

表10-5 个人所得税税率表二（经营所得适用）

级数	全年应纳税所得额	税率（%）	速算扣除数
1	不超过30000元的	5	0
2	超过30000元至90000元的部分	10	1500
3	超过90000元至300000元的部分	20	10500
4	超过300000元至500000元的部分	30	40500
5	超过500000元的部分	35	65500

注：本表所称全年应纳税所得额是指依照《中华人民共和国个人所得税法》（中华人民共和国主席令第9号）第六条的规定，以每一纳税年度的收入总额减除成本、费用以及损失后的余额。

第二，核定征收个税的"经营所得"适用的税率。《中华人民共和国个人所得税法实施条例》（中华人民共和国国务院令第707号）第十五条第三款规定："从事生产、经营活动，未提供完整、准确的纳税资料，不能正确计算应纳税所得额的，由主管税务机关核定应纳税所得额或者应纳税额。"基于此税法规定，为了助力民营经济的发展，减少税务征管成本，全国各省税务机关，根据实际情况制定本省的"经营所得核定征收个人所得税"的税收政策。部分地方政策规定如下：

海南省规定：根据《国家税务总局　海南省税务局关于经营所得核定征收个人所得税有关问题的公告》（国家税务总局　海南省税务局公告 2018 年第 15 号）第二条规定，项目经理内部承包经营所得采用核定应税所得率方式征收个人所得税。应纳税额计算公式：

应纳个人所得税的所得额＝应税收入×应税所得率（10%）

应纳个人所得税额＝应纳个人所得税的所得额×经营所得 5 级累进税率

广西壮族自治区规定：《国家税务总局　广西壮族自治区税务局关于经营所得核定征收个人所得税有关事项的公告》（国家税务总局　广西壮族自治区税务局公告 2018 年第 23 号）第三条规定，项目经理内部承包经营所得采用核定应税所得率方式征收个人所得税。应纳税额计算公式：

应纳个人所得税的所得额＝应税收入×应税所得率（7%）

应纳个人所得税额＝应纳个人所得税的所得额×经营所得 5 级累进税率

内蒙古规定：《国家税务总局　内蒙古自治区税务局关于核定征收个人所得税有关问题的公告》（国家税务总局　内蒙古自治区税务局公告 2018 年第 19 号）第二条规定，项目经理内部承包经营所得采用核定应税所得率方式征收个人所得税。应纳税额计算公式：

应纳个人所得税的所得额＝应税收入×应税所得率（9%）

应纳个人所得税额＝应纳个人所得税的所得额×经营所得 5 级累进税率

吉林省规定：《国家税务总局　吉林省税务局关于经营所得项目个人所得税核定征收有关问题的公告》（国家税务总局　吉林省税务局公告 2019 年第 1 号）第二条规定，项目经理内部承包经营所得采用核定应税所得率方式征收个人所得税。应纳税额计算公式：

应纳个人所得税的所得额＝应税收入×应税所得率（7%）

应纳个人所得税额＝应纳个人所得税的所得额×经营所得 5 级累进税率

江西省规定：《国家税务总局　江西省税务局关于经营所得核定征收个人所得税等有关问题的公告》（国家税务总局　江西省税务局公告 2019 年第 4 号）第二条规定，项目经理内部承包经营所得采用核定应税所得率方式征收个人所得税。应纳税额计算公式：

应纳个人所得税的所得额＝应税收入×应税所得率（10%）

应纳个人所得税额＝应纳个人所得税的所得额×经营所得 5 级累进税率

黑龙江省规定：《国家税务总局　黑龙江省税务局关于经营所得核定征

收个人所得税等有关问题的公告》（国家税务总局　黑龙江省税务局公告2019年第3号）第二条规定，项目经理内部承包经营所得采用核定应税所得率方式征收个人所得税。应纳税额计算公式：

应纳个人所得税的所得额＝应税收入×应税所得率（7%）

应纳个人所得税额＝应纳个人所得税的所得额×经营所得5级累进税率

天津市规定：《国家税务总局　天津市税务局关于经营所得核定征收个人所得税有关问题的公告》（国家税务总局　天津市税务局公告2018年第30号）第二条规定，项目经理内部承包经营所得采用核定应税所得率方式征收个人所得税。应纳税额计算公式：

应纳个人所得税的所得额＝应税收入×应税所得率（7%）

应纳个人所得税额＝应纳个人所得税的所得额×经营所得5级累进税率

第三，项目经理承包经营所得适用应税所得率核定征收个税，不进行个人所得税的汇算清缴，计算个税不得减除费用6万元、专项扣除、专项附加扣除以及依法确定的其他扣除。

由于项目经理是自然人，从事建筑行业的内部承包经营所得归其本人所有，采用应税所得率核定征收个税，只要按季度自行纳税申报，不需要进行个人所得税的汇算清缴。同时根据《国家税务总局关于修订个人所得税申报表的公告》（国家税务总局公告2019年第7号）关于《个人所得税经营所得纳税申报表（A表）》填表说明的规定，实施核定定额征收和核定应税所得率征收的个体工商户业主、个人独资企业投资者、合伙企业个人合伙人、承包承租经营者个人以及其他从事生产、经营活动的个人，在计算每一纳税年度的应纳税所得额时，不可以减除费用6万元、专项扣除、专项附加扣除以及依法确定的其他扣除。

第四，项目经理或承包者按核定应税所得率征收个税办理纳税申报的，按年计算个税，按月或季预缴个税，并报送《个人所得税经营所得纳税申报表（A表）》。

根据《国家税务总局关于个人所得税自行纳税申报有关问题的公告》（国家税务总局公告2018年第62号）第二条、《国家税务总局关于修订个人所得税申报表的公告》（国家税务总局公告2019年第7号）的规定，**建筑企业项目经理或承包者内部承包取得的经营所得，按年计算个人所得税，由纳税人在月度或季度终了后15日内，向经营管理所在地主管税务机关办理预缴纳税申报，其中按查账征收办理预缴纳税申报，或者按核定征收办理纳税申报的报送《个人所得税经营所得纳税申报表（A表）》。**

某项目经理内部承包建筑公司建筑服务的个税处理

（一）案情介绍

（1）张某 2019 年挂靠红运建筑公司承接建筑劳务，张某与红运建筑公司签订内部承包协议，承包期限 2 年，协议约定：张某以红运建筑公司的名义对外经营，红运建筑公司对外承担民事法律责任，张某向红运建筑公司上交一定的管理费用，经营所得归张某所有，假设张某 2019 年每一季度从建筑公司取得的承包经营所得 15 万元（不含增值税）。张某选择按季度预缴申报个税，当地税务部门对承包者实施核定应税所得率征收个人所得税。按照表 10-6 中的税率计算应纳税所得额。

表 10-6　应税所得率

序号	类别	应税所得率（%）
1	交通运输业	10
2	采矿业、制造业	10
3	批发和零售业	10
4	建筑业	10
5	房地产业	18
6	住宿业	10
7	餐饮业	7
8	娱乐业	30
9	法律服务业	10
10	其他行业	15

应纳税额计算公式：

应纳税所得额＝应税收入×应税所得率

或者应纳税所得额＝成本费用支出额／（1-应税所得率）×应税所得率

应纳税额＝应纳税所得额×经营所得 5 级累进税率

上式所称的应税收入是每一纳税年度的收入总额，成本费用支出额是每一纳税年度的成本费用支出总额。

（2）张某每月自行支付税优商业健康保险费 300 元；每月自行缴纳"三

险一金"3000元（其中，基本养老保险1000元，基本医疗保险700元，失业保险300元，住房公积金1000元）。

（3）张某有两个子女，都在上小学，已与妻子约定由张某按子女教育专项附加扣除标准的100%扣除。

（4）张某使用商业银行个人住房贷款购买了首套住房，现处于偿还贷款期间，每月需支付贷款利息1600元，已与妻子约定由张某进行住房贷款利息专项附加扣除。

（5）因张某工作单位离所购住房很远，以每月租金1000元在工程项目所在地附近租住了一套房屋。

（6）张某的父母均已退休（已满60岁，均有退休金）在家，张某与兄妹签订书面分摊协议，约定由张某分摊赡养老人专项附加扣除800元。

（7）首套住房贷款利息和房租租金扣除中，张某选择了首套住房贷款利息的扣除。

请计算张某全年和每季度应缴纳的个人所得税。

（二）税法依据

（1）《建筑安装业个人所得税征收管理暂行办法》（国税发〔1996〕127号）第三条规定，承包建筑安装业各项工程作业的承包人取得的所得，应区别不同情况计征个人所得税：经营成果归承包人个人所有的所得，或按照承包合同（协议）规定，将一部分经营成果留归承包人个人的所得，按对企事业单位的承包经营、承租经营所得项目征税；以其他分配方式取得的所得，按工资、薪金所得项目征税。

（2）《中华人民共和国个人所得税法实施条例》（中华人民共和国国务院令第707号）第十五条第二款规定："取得经营所得的个人，没有综合所得的，计算其每一纳税年度的应纳税所得额时，应当减除费用6万元、专项扣除、专项附加扣除以及依法确定的其他扣除。专项附加扣除在办理汇算清缴时减除。"

（3）根据《国家税务总局关于修订个人所得税申报表的公告》（国家税务总局公告2019年第7号）关于《个人所得税经营所得纳税申报表（A表）》填表说明的规定，实施核定定额征收和核定应税所得率征收的个体工商户业主、个人独资企业投资者、合伙企业个人合伙人、承包承租经营者个人以及其他从事生产、经营活动的个人，在计算每一纳税年度的应纳税所得额时，不可以减除费用6万元、专项扣除、专项附加扣除以及依法确定的其他扣除。

（三）张某个税计算、个税预缴和汇算清缴和填写申报表

张某按季预缴申报个人所得税及纳税申报表的填写：

第一步，2019 年每一季度预缴个税应纳税额的计算（核定征收个税的经营所得不可以减除费用 6 万元、专项扣除、专项附加扣除以及依法确定的其他扣除，同时不进行个税的汇算清缴）。

应纳税所得额＝应税收入×应税所得率＝150000×10％＝15000（元）

第二步，张某每季度应纳个税的计算，根据应纳税所得额，按照个人所得税税率表二（经营所得）计算个税。

张某应纳个人所得税额＝15000×5％＝750（元）

第三步，季度申报表的填写：第一季度后的 15 日之内填写个人所得税经营所得纳税申报表（A 表），填写后的季度申报表如表 10-7 所示。

表 10-7　个人所得税经营所得纳税申报表（A 表）

税款所属期：2019 年 1 月 1 日至 2019 年 3 月 31 日

纳税人姓名：张某

纳税人识别号（身份证号码）：　　　　　　　　　金额单位：　人民币元（列至角分）

被投资单位信息	名称	红运建筑公司	纳税人识别号（统一社会信用代码）	红运建筑公司纳税识别号
征收方式	□查账征收（据实预缴） √核定应税所得率征收 □税务机关认可的其他方式 _____		□查账征收（按上年应纳税所得额预缴） □核定应纳税所得额征收	

项目	行次	金额/比例
一、收入总额	1	150000
二、成本费用	2	
三、利润总额（3＝1-2）	3	
四、弥补以前年度亏损	4	
五、应税所得率（％）	5	10
六、合伙企业个人合伙人分配比例（％）	6	
七、允许扣除的个人费用及其他扣除（7＝8+9+14）	7	
（一）投资者减除费用	8	
（二）专项扣除（9＝10+11+12+13）	9	
1. 基本养老保险费	10	
2. 基本医疗保险费	11	

项目	行次	金额/比例
3. 失业保险费	12	
4. 住房公积金	13	
（三）依法确定的其他扣除（14＝15+16+17）	14	
1. 商业健康保险费	15	
2.	16	
3.	17	
八、应纳税所得额	18	15000
九、税率（%）	19	5
十、速算扣除数	20	
十一、应纳税额（21＝18×19−20）	21	750
十二、减免税额（附报《个人所得税减免税事项报告表》）	22	
十三、已缴税额	23	
十四、应补/退税额（24＝21−22−23）	24	
谨声明：本表是根据国家税收法律法规及相关规定填报的，是真实的、可靠的、完整的。 　　　　　　　　　　　　　　　　　　　　　　　　　　纳税人签字：张某 　　　　　　　　　　　　　　　　　　　　　　　　　　2019 年 4 月 13 日		
经办人： 经办人身份证件号码： 代理机构签章： 代理机构统一社会信用代码：	受理人： 受理税务机关（章）： 受理日期：　　　年　月　日	

　　特别提醒：张某第二季度、第三季度、第四季度的个税计算和季度申报表的填写同第一季度。四个季度申报的个税都是 750 元，不存在个税的汇算清缴。

　　（2）项目经理内部承包建筑服务，项目经理对承包经营成果不拥有所有权的个税处理。

　　《建筑安装业个人所得税征收管理暂行办法》（国税发〔1996〕127 号）第三条规定：**承包建筑安装业各项工程作业的承包人取得的所得，应区别不同情况计征个人所得税：经营成果归承包人个人所有的所得，或按照承包合同（协议）规定，将一部分经营成果留归承包人个人的所得，按对企事业单位的承包经营、承租经营所得项目征税；以其他分配方式取得的所得，按工**

资、薪金所得项目征税。基于此，如果项目经理与建筑企业签订内部承包协议约定：项目经理对企业承包经营成果不拥有所有权，仅按内部承包协议规定取得一定所得，则项目经理获得的劳动报酬是"工资薪金综合所得"，必须按照"工资薪金综合所得"进行个人所得税处理。具体处理如下：

第一，由建筑企业按月依照"累计预扣法"预扣预缴项目经理的个人所得税。

第二，根据《个人所得税专项附加扣除操作办法（试行）》（国家税务总局公告 2018 年第 60 号）第四条第一款的规定，班组长（包工头）享受子女教育、继续教育、住房贷款利息或者住房租金、赡养老人专项附加扣除的纳税人，既可以选择扣缴义务人在预扣预缴税款时办理扣除，也可以选择在次年 3 月 1 日至 6 月 30 日内，向汇缴地主管税务机关办理汇算清缴申报时扣除。

第三，项目经理自行在次年的 3 月 31 日至 6 月 30 日在项目所在地税务局进行个人所得税汇算清缴。

2. 合法取得利润的方法二及个税的处理

合法取得利润的方法二如下：其一，建筑企业与项目经理签订内部承包协议，协议约定：承包人、承租人对企业经营成果不拥有所有权，仅按合同（协议）规定每月取得一定数额的工资，年末按照工资业绩获得一定数额的奖金。其二，建筑公司给项目经理每月发放一定数额的工资，同时，内部项目经理自己注册一家一般纳税人资格的、个体工商户性质的材料销售贸易公司。通过材料贸易公司从供应商采购建筑材料再销售给建筑公司，将建筑材料的利润从建筑公司转移到材料贸易公司。具体的操作要点如下：

第一步：项目经理注册一家一般纳税人资格的材料贸易公司。

第二步：签订采购合同的策略。材料贸易公司与材料厂家（材料供应商）签订建筑材料采购合同。合同中注明：材料收货地点：项目工程所在地；发货地点：材料厂家（材料供应商）所在地；发货人：材料厂家（材料供应商）；材料收货方：材料贸易公司；代收货方：项目经理内部承包的建筑企业。

第三步：签订销售合同的策略。材料贸易公司与项目经理内部承包的建筑企业在采购价格的基础上加价［肖太寿财税工作室（公众微信号：xtstax）温馨提示：加价部分是建筑材料在项目工程造价中分摊的利润，不能加价过高］签订建筑材料销售合同。合同中注明：材料收货地点：项目工程所在地；收货人：项目经理内部承包的建筑企业；发货人：材料贸易公司；代发货方：材料厂家（材料供应商）。

第四步：资金流向策略：材料贸易公司公对公账户，将材料款划入材料厂家（材料供应商）；项目经理内部承包的建筑企业公对公账户，将材料款划入材料贸易公司。

第五步：发票开具策略：材料厂家（材料供应商）开具税率为13%的增值税专用发票给材料贸易公司；材料贸易公司将开具13%的增值税专用发票给项目经理内部承包的建筑企业［肖太寿财税工作室（公众微信号：xtstax）温馨提示：一般计税的项目开13%的增值税专用发票；简易计税的项目开13%的增值税普通发票］。

个税的处理分以下情况：

（1）项目经理在建筑公司获得的工资薪金，作为其从项目承包利润中拿出利润的一种方式。其个税处理如下：《建筑安装业个人所得税征收管理暂行办法》（国税发〔1996〕127号）第三条和《国家税务总局关于个人对企事业单位实行承包经营、承租经营取得所得征税问题的通知》（国税发〔1994〕179号）第二条第（二）项规定，承包、承租人对企业经营成果不拥有所有权，仅是按合同（协议）规定取得一定所得的，其所得按工资、薪金所得项目征税。基于此规定，如果建筑企业与项目经理签订内部劳务承包协议约定：项目经理对企业承包经营成果不拥有所有权，仅按内部承包协议规定取得一定所得，则项目经理获得的劳动报酬是"工资薪金综合所得"，必须按照"工资薪金综合所得"进行个人所得税处理。具体处理如下：

第一，由建筑企业按月依照"累计预扣法"预扣预缴班组长（包工头）的个人所得税。

第二，根据《个人所得税专项附加扣除操作办法（试行）》（国家税务总局公告2018年第60号）第四条第一款的规定，班组长（包工头）享受子女教育、继续教育、住房贷款利息或者住房租金、赡养老人专项附加扣除的纳税人，可以选择扣缴义务人在预扣预缴税款时办理扣除；也可以选择在次年3月1日至6月30日内，向汇缴地主管税务机关办理汇算清缴申报时扣除。

（2）个体工商户性质的材料贸易公司的个税处理。根据《国家税务总局关于个人所得税自行纳税申报有关问题的公告》（国家税务总局公告2018年第62号）第二条的规定，个体工商户不是法人，不是企业所得税的纳税义务人，不缴纳企业所得税，只缴纳个人所得税，按照"经营所得"税目征收个人所得税。具体操作要点如下：

第一步：项目经理必须注册增值税一般纳税人资格的、个体工商户性质的材料贸易公司（在工商营业执照上的企业性质是：个体工商户）。

第二步：在注册地的税务局申请个体工商户的个人所得税时，选择应税所得率核定征收个体工商户的个人所得税。

海南省规定：根据《国家税务总局　海南省税务局关于经营所得核定征收个人所得税有关问题的公告》（国家税务总局　海南省税务局公告 2018 年第 15 号）第二条的规定，在海南省行政范围内，不符合查账征收条件的个体工商户业主每季的应税收入不高于 90000 元（含 90000 万元），不征个人所得税。第一条规定，不符合查账征收条件的个体工商户业主取得的经营所得采用定额方式征收个人所得税，其经营所得计算公式为：

应纳经营所得的个人所得税额=应税收入×1%

其中，应税收入是核定的收入总额或纳税人申请开具发票（不含增值税）的金额。

广西壮族自治区规定：《国家税务总局　广西壮族自治区税务局关于经营所得核定征收个人所得税有关事项的公告》（国家税务总局　广西壮族自治区税务局公告 2018 年第 23 号）第三条规定，不符合查账征收条件的个体工商户业主取得的经营所得采用应税所得率核定征收个人所得税，其经营所得计算公式：

应纳税额计算公式：

应纳个人所得税的所得额=应税收入×应税所得率（7%）

应纳个人所得税额=应纳个人所得税的所得额×经营所得 5 级累进税率

内蒙古规定：《国家税务总局　内蒙古自治区税务局关于核定征收个人所得税有关问题的公告》（国家税务总局　内蒙古自治区税务局公告 2018 年第 19 号）第一条规定，不符合查账征收条件的个体工商户业主取得的经营所得也可以采用核定征收率方式征收个人所得税。个体工商户经营收入总额，收入总额不超过 90000 元/季（30000 元/月）的，征收率为 0；超过 90000 元/季（30000 元/月）的，全额征收个人所得税，应纳税额计算公式：

应纳个人所得税额=收入总额×1.2%

吉林省规定：《国家税务总局　吉林省税务局关于经营所得项目个人所得税核定征收有关问题的公告》（国家税务总局　吉林省税务局公告 2019 年第 1 号）第二条规定，不符合查账征收条件的个体工商户业主取得的经营所得采用应税所得率核定征收个人所得税，其经营所得计算公式：

应纳税额计算公式：

应纳个人所得税的所得额=应税收入×应税所得率（7%）

应纳个人所得税额=应纳个人所得税的所得额×经营所得5级累进税率

黑龙江省规定：《国家税务总局　黑龙江省税务局关于经营所得核定征收个人所得税等有关问题的公告》（国家税务总局　黑龙江省税务局公告2019年第3号）规定：不符合查账征收条件的个体工商户业主取得的经营所得采用应税所得率核定征收个人所得税，其经营所得计算公式：

应纳税额计算公式：应纳个人所得税的所得额=应税收入×应税所得率（7%）

应纳个人所得税额=应纳个人所得税的所得额×经营所得5级累进税率

江西省规定：《国家税务总局　江西省税务局关于经营所得核定征收个人所得税等有关问题的公告》（国家税务总局　江西省税务局公告2019年第4号）规定：不符合查账征收条件的个体工商户业主取得的经营所得采用应税所得率核定征收个人所得税，其经营所得计算公式：

应纳税额计算公式：应纳个人所得税的所得额=应税收入×应税所得率（10%）

应纳个人所得税额=应纳个人所得税的所得额×经营所得5级累进税率

第三步：工商注册后，在注册地的税务部门购买税控机和税控盘，安装完毕后，到税务部门购买增值税发票，可以给建筑公司开具增值税发票。

 案例分析

某项目经理注册的个体工商户材料贸易公司的个税处理

（一）案情介绍

（1）2019年，张某注册了一家个体工商户性质的材料贸易公司，该个体工商户选择核定应税所得率征收个人所得税。假设张某注册的个体工商户性质的材料贸易公司在2019年的每一季度取得的应税收入（开具发票不含增值税的收入）为15万元。张某选择按季度预缴申报个税，当地税务部门对承包者实施核定应税所得率征收个人所得税。按照行业类别计算应纳税所得额。

应纳税额计算公式：

应纳税所得额=应税收入×应税所得率

或者

应纳税所得额=成本费用支出额÷（1-应税所得率）×应税所得率

应纳税额=应纳税所得额×经营所得5级累进税率

上式所称的应税收入是每一纳税年度的收入总额，成本费用支出额是每一纳税年度的成本费用支出总额。

（2）张某每月自行支付税优商业健康保险费300元；每月自行缴纳"三险一金"3000元（其中，基本养老保险1000元，基本医疗保险700元，失业保险300元，住房公积金1000元）。

（3）张某有两个子女，都在上小学，已与妻子约定由张某按子女教育专项附加扣除标准的100%扣除。

（4）张某使用商业银行个人住房贷款购买了首套住房，现处于偿还贷款期间，每月需支付贷款利息1600元，已与妻子约定由张某一方进行住房贷款利息专项附加扣除。

（5）因张某工作单位离所购住房很远，在工程项目所在地附近租住了一套房屋，每月租金1000元。

（6）张某的父母均已退休（已满60岁，均有退休金）在家，张某与兄妹签订书面分摊协议，约定由张某分摊赡养老人专项附加扣除800元。

（7）首套住房贷款利息和房租租金扣除中，张某选择了首套住房贷款利息的扣除。

请计算张某全年和每季度应缴纳的个人所得税。

（二）税法依据

（1）《建筑安装业个人所得税征收管理暂行办法》（国税发〔1996〕127号）第三条规定："承包建筑安装业各项工程作业的承包人取得的所得，应区别不同情况计征个人所得税：经营成果归承包人个人所有的所得，或按照承包合同（协议）规定，将一部分经营成果留归承包人个人的所得，按对企事业单位的承包经营、承租经营所得项目征税；以其他分配方式取得的所得，按工资、薪金所得项目征税。"

（2）《中华人民共和国个人所得税法实施条例》（中华人民共和国国务院令第707号）第十五条第二款规定："取得经营所得的个人，没有综合所得的，计算其每一纳税年度的应纳税所得额时，应当减除费用6万元、专项扣除、专项附加扣除以及依法确定的其他扣除。专项附加扣除在办理汇算清缴时减除。"

（3）根据《国家税务总局关于修订个人所得税申报表的公告》（国家税务总局公告2019年第7号）关于《个人所得税经营所得纳税申报表（A表）》填表说明的规定，实施核定定额征收和核定应税所得率征收的个体工商户业主、个人独资企业投资者、合伙企业个人合伙人、承包承租经营者个人以及其他从事生产、经营活动的个人，在计算每一纳税年度的应纳税所得额时，不可以减除费用6万元、专项扣除、专项附加扣除以及依法确定的其他扣除。

（三）张某个税计算、个税预缴和汇算清缴和申报表填写

张某按季预缴申报个人所得税及纳税申报表的填写：

第一步，2019年每一季度预缴个税应纳税额的计算（核定征收个税的经营所得不可以减除费用6万元、专项扣除、专项附加扣除以及依法确定的其他扣除，同时不进行个税的汇算清缴）。

应纳税所得额＝应税收入×应税所得率

＝150000×10%（零售业核定应税所得率）＝15000（元）

第二步，张某每季度应纳个税的计算，根据应纳税所得额，按照个人所得税税率表二（经营所得）中的5级累进税率计算个税。

张某应纳个人所得税额＝15000×5%＝750（元）

第三步，季度申报表的填写：第一季度后的15日之内填写个人所得税经营所得纳税申报表（A表），填写后的季度申报表。

表10-8　个人所得税经营所得纳税申报表（A表）

税款所属期：2019年1月1日至2019年3月31日

纳税人姓名：张某

纳税人识别号（填写身份证号码）：　　　　　　　金额单位：　人民币元（列至角分）

被投资单位信息	名称	红运建筑公司	纳税人识别号（统一社会信用代码）	红运建筑公司纳税识别号
征收方式	□查账征收（据实预缴） √核定应税所得率征收 □税务机关认可的其他方式＿＿＿＿＿		□查账征收（按上年应纳税所得额预缴） 核定应纳税额征收	

项目	行次	金额/比例
一、收入总额	1	150000
二、成本费用	2	
三、利润总额（3＝1-2）	3	
四、弥补以前年度亏损	4	
五、应税所得率（%）	5	10
六、合伙企业个人合伙人分配比例（%）	6	
七、允许扣除的个人费用及其他扣除（7＝8+9+14）	7	

续表

项目	行次	金额/比例
（一）投资者减除费用	8	
（二）专项扣除（9＝10＋11＋12＋13）	9	
1. 基本养老保险费	10	
2. 基本医疗保险费	11	
3. 失业保险费	12	
4. 住房公积金	13	
（三）依法确定的其他扣除（14＝15＋16＋17）	14	
1. 商业健康保险费	15	
2.	16	
3.	17	
八、应纳税所得额	18	15000
九、税率（%）	19	5
十、速算扣除数	20	
十一、应纳税额（21＝18×19－20）	21	750
十二、减免税额（附报《个人所得税减免税事项报告表》）	22	
十三、已缴税额	23	
十四、应补/退税额（24＝21－22－23）	24	

谨声明：本表是根据国家税收法律法规及相关规定填报的，是真实的、可靠的、完整的。

纳税人签字：张某
2019 年 4 月 13 日

经办人： 经办人身份证件号码： 代理机构签章： 代理机构统一社会信用代码：	受理人： 受理税务机关（章）： 受理日期：　　年　月　日

　　特别提醒：张某第二季度、第三季度、第四季度的个税计算和季度申报表的填写同第一季度。四个季度申报的个税都是 750 元。不存在个税的汇算清缴。

11

劳务派遣业务的法务、财务、税务处理

劳务派遣业务涉及相关的法务处理、财务处理、税务处理和社保问题的处理。在新的个税和社保政策下，劳务派遣公司（劳务公司也有劳务派遣业务）与用工单位发生的劳务派遣业务，到底如何进行合法处理规避法律风险？如何进行合同签订规避社保费用的负担？肖太寿财税工作室（公众微信号：xtstax）分析处理如下：

一 劳务派遣业务的法务处理

（一）被派遣劳动者、劳务派遣公司（用人单位）和用工单位之间的劳动法律关系

《中华人民共和国劳动合同法》（中华人民共和国主席令第73号）第五十八条第二款规定："**劳务派遣单位应当与被派遣劳动者订立二年以上的固定期限劳动合同，按月支付劳动报酬；被派遣劳动者在无工作期间，劳务派遣单位应当按照所在地人民政府规定的最低工资标准，向其按月支付报酬。**"《中华人民共和国劳动合同法》第六十三条规定："**被派遣劳动者享有与用工单位的劳动者同工同酬的权利。用工单位应当按照同工同酬原则，对被派遣劳动者与本单位同类岗位的劳动者实行相同的劳动报酬分配办法。用工单位无同类岗位劳动者的，参照用工单位所在地相同或者相近岗位劳动者的劳动报酬确定。**"基于此规定，劳务派遣工享有社会保险待遇，用工单位必须承担被派遣劳务者的工资、福利和社会保险费用。用工单位必须将承担被派遣劳动者的工资、福利和社会保险费用，支付给劳务派遣公司，由劳务派遣公司给被派遣劳动者缴纳社会保险费用。

因此，在用工单位与劳务派遣公司签订劳务派遣合同的情况下，在劳动法律关系上，根据《劳务派遣暂行规定》（人力资源和社会保障部令第22号）和《中华人民共和国劳动合同法》的相关规定，被派遣劳动者与劳务派遣公司构成雇佣和被雇佣的劳动关系，被派遣劳动者与用工单位没有构成雇佣和被雇佣的法律关系。

（二）采用劳务派遣多处受限

用工单位通过劳务派遣形式使用被派遣劳动者具有一定的法律风险：采

用劳务派遣多处受限，具体规定如下。

1. 用工单位使用的被派遣劳动者数量不得超过用工单位用工总量的10%

《劳务派遣暂行规定》第四条规定："用工单位应当严格控制劳务派遣用工数量，使用的被派遣劳动者数量不得超过其用工总量的10%。"前款所称用工总量是指用工单位订立劳动合同人数与使用的被派遣劳动者人数之和。计算劳务派遣用工比例的用工单位是指依照劳动合同法和劳动合同法实施条例可以与劳动者订立劳动合同的用人单位。

2. 劳务派遣员工只能在"临时性、辅助性、替代性"岗位任职

根据《劳务派遣暂行规定》第三条和《中华人民共和国劳动合同法》（中华人民共和国主席令第73号）第六十六条的规定，用工单位只能在临时性、辅助性或者替代性的工作岗位上使用被派遣劳动者（只有三性岗位才能使用劳务派遣工）。前款规定的临时性工作岗位是指存续时间不超过6个月的岗位；辅助性工作岗位是指为主营业务岗位提供服务的非主营业务岗位；替代性工作岗位是指用工单位的劳动者因脱产学习、休假等原因无法工作的一定期间内，可以由其他劳动者替代工作的岗位。

因此，用工单位（如建筑企业）只有在同时满足以下两个条件的情况下，才能使用劳务派遣工：第一，使用的被派遣劳动者数量不得超过用工单位用工总量的10%。第二，使用被派遣劳动者只能在"临时性、辅助性、替代性"岗位任职。

（三）劳务派遣业务的资质要求

根据《中华人民共和国劳动合同法》第五十七条的规定，经营劳务派遣业务应当具备下列条件：

（1）注册资本不得少于人民币200万元。

（2）有与开展业务相适应的固定的经营场所和设施。

（3）有符合法律、行政法规规定的劳务派遣管理制度。

（4）法律、行政法规规定的其他条件。

经营劳务派遣业务，应当向劳动行政部门依法申请行政许可；经许可的，依法办理相应的公司登记。未经许可的，任何单位和个人不得经营劳务派遣业务。

基于此规定，经营劳务派遣业务的劳务公司必须要取得劳动行政部门的行政许可，未经许可的额劳务公司，不可以经营劳务派遣业务。

二 劳务派遣业务的财务处理

劳务派遣公司与用工单位如何签订劳务派遣协议？涉及用人单位支付给劳务派遣公司支付的费用中是否含有被派遣劳动者的工资、社保和福利费用。不同的协议签订方法财务处理是不同的。

（一）劳务派遣合同用工费用的两种签订方式

《国家税务总局关于企业工资薪金和职工福利费等支出税前扣除问题的公告》（国家税务总局公告 2015 年第 34 号）第三条规定："**企业接受外部劳务派遣用工所实际发生的费用，应分两种情况按规定在税前扣除：按照协议（合同）约定直接支付给劳务派遣公司的费用，应作为劳务费支出；直接支付给员工个人的费用，应作为工资薪金支出和职工福利费支出。其中，属于工资薪金支出的费用，准予计入企业工资薪金总额的基数，作为计算其他各项相关费用扣除的依据。**"基于此规定，劳务派遣合同中的用工费用有两种不同的合同约定，或者更准确地说，就用工费用的合同约定，劳务派遣合同有以下两种不同的签订技巧：

第一种合同签订技巧：在劳务派遣合同中只约定：用人单位给劳务派遣公司总的劳务派遣费费用（包括劳务派遣公司支付给被派遣者的工资、福利和社保费用）。

第二种合同签订技巧：在劳务派遣合同中分别约定：用工单位给劳务派遣公司支付手续费用、管理费为×××元（不含增值税），增值税金额为×××元。用工单位直接支付给被派遣劳动者的工资、福利和社保费用×××元（不含增值税），增值税金额为×××元。

（二）财务核算

《企业会计准则第 9 号——职工薪酬》（财会〔2014〕8 号）第三条规定：职工，是指与企业订立劳动合同的所有人员，含全职、兼职和临时职工，也包括虽未与企业订立劳动合同但由企业正式任命的人员。未与企业订立劳动合同或未由其正式任命，但向企业所提供服务与职工所提供服务类似的人员，也属于职工的范畴，包括通过企业与劳务中介公司签订用工合同而向企业提供服务的人员。

基于《企业会计准则第9号——职工薪酬》第三条和《国家税务总局关于企业工资薪金和职工福利费等支出税前扣除问题的公告》（国家税务总局公告2015年第34号）第三条的规定，用工单位与劳务派遣公司签订劳务派遣合同的会计核算如下：

第一，如果用工单位（如建筑企业）与劳务派遣公司签订的劳务派遣合同中只约定：给劳务派遣公司总的劳务派遣费费用（包括劳务派遣公司支付给被派遣者的工资、福利和社保费用），则用工单位（如建筑企业）直接支付给劳务派遣公司总的费用（不含劳务派遣公司收取劳务派遣费用中的增值税进项税额）在"管理费用——劳务费"科目核算；劳务派遣公司收取劳务派遣费用中的增值税进项税额在"应交税费——应交增值税（销项税额）"科目核算。

第二，如果用工单位（如建筑企业）与劳务派遣公司签订的劳务派遣合同在劳务派遣合同中约定：用工单位给劳务派遣公司支付手续费用、管理费为×××元（不含增值税），增值税金额为×××元。用工单位直接支付给被派遣劳动者的工资、福利和社保费用×××元（不含增值税），增值税金额为×××元。则用工单位（如建筑企业）直接支付给被派遣劳动者的工资、福利和社保费用，在"应付职工薪酬——工资"会计科目核算。支付给劳务派遣公司的劳务派遣费用在"管理费用——劳务派遣费用"科目核算。

三 劳务派遣业务的税务处理

（一）企业所得税的处理

劳务派遣业务的税务处理涉及用人单位和劳务派遣单位的企业所得税的处理，具体处理如下：

1. 用工单位的企业所得税处理

《国家税务总局关于企业工资薪金和职工福利费等支出税前扣除问题的公告》第三条规定："企业接受外部劳务派遣用工所实际发生的费用，应分两种情况按规定在税前扣除：按照协议（合同）约定直接支付给劳务派遣公司的费用，应作为劳务费支出；直接支付给员工个人的费用，应作为工资薪金支出和职工福利费支出。其中属于工资薪金支出的费用，准予计入企业工资薪金总额的基数，作为计算其他各项相关费用扣除的依据。"注意该条中的"各项相关费用"是指工会经费、教育经费和职工福利费用。"直接支付给员工个人的费用"是指用工单位将工资、社会保险和福利费用直接支付给被派遣劳动者，而不是支付给劳务派遣公司，由劳务派遣公司支付给被派遣劳动者。

基于此税收政策文件的规定，用人单位的企业所得税处理如下：

第一，如果按照第一种合同签订技巧签订的劳务派遣协议，则用工单位（如建筑企业）直接支付给劳务派遣公司总的费用（不含劳务派遣公司收取劳务派遣费用中的增值税进项税额），直接凭借劳务派遣公司开给用工单位的劳务管理费发票进成本，在用人单位的企业所得税前扣除。

第二，如果按照第二种合同签订技巧签订的劳务派遣协议，则用工单位（如建筑企业）直接支付被派遣劳动者的工资、福利和社保费用凭借支付工资表和社保缴纳凭证和支付给劳务派遣公司的劳务派遣费用凭借劳务派遣公司开给用工单位的发票在用工单位的企业所得税前扣除。

2. 劳务派遣单位的企业所得税处理

第一，如果按照第一种合同签订技巧签订的合同，则劳务派遣公司收取用人单位的劳务派遣费费用（包括劳务派遣公司支付给被派遣者的工资、福利和社保费用），作为收入依法缴纳企业所得税，支付给被劳务派遣者的工资、社保和福利作为费用在劳务派遣公司的企业所得税前扣除。

第二，如果按照第二种合同签订技巧签订的合同，则劳务派遣公司只收取用人单位的手续费和管理费作为收入依法缴纳企业所得税。

（二）增值税的处理

1. 劳务派遣公司的增值税处理

根据《财政部 国家税务总局关于进一步明确全面推开营改增试点有关劳务派遣服务、收费公路通行费抵扣等政策的通知》（财税〔2016〕47号）第一条的规定，劳务派遣公司的增值税处理可以分以下两种情况处理：

一是劳务派遣公司可以选择一般计税方法计算缴纳增值税。即一般纳税人的劳务派遣公司从用人单位取得的全部价款和价外费用为销售额÷（1+6%）×6%计算增值税销项税额。

二是可以选择差额纳税，一般纳税人或小规模纳税人的劳务派遣公司以取得的全部价款和价外费用，扣除代用工单位支付给劳务派遣员工的工资、福利和为其办理社会保险及住房公积金后的余额为销售额，按照简易计税方法依5%的征收率计算缴纳增值税。

2. 用工单位的增值税处理

（1）如果劳务派遣公司选择一般计税方法计算缴纳增值税，则用工单位（如建筑企业）凭劳务派遣公司开的增值税专用发票抵扣6%的增值税进项税额。

（2）如果劳务派遣公司选择差额纳税计算缴纳增值税，则用工单位（如建筑企业）凭劳务派遣公司通过新系统中差额征税开票功能，开具备注栏自动打印"差额征税"字样的增值税发票，抵扣劳务派遣费用中5%的增值税进项税额。

（三）劳务派遣业务的发票开具方法

《国家税务总局关于全面推开营业税改征增值税试点有关税收征收管理事项的公告》（国家税务总局公告2016年第23号）第四条第（二）项规定："**按照现行政策规定适用差额征税办法缴纳增值税，且不得全额开具增值税发票的（财政部、税务总局另有规定的除外），纳税人自行开具或者税务机关代开增值税发票时，通过新系统中差额征税开票功能，录入含税销售额（或含税评估额）和扣除额，系统自动计算税额和不含税金额，备注栏自动打印'差额征税'字样，发票开具不应与其他应税行为混开。**"同时根据《财政部 国家税务总局关于进一步明确全面推开营改增试点有关劳务派遣服务、收费公路通行费抵扣等政策的通知》（财税〔2016〕47号）的规定，**选择差额纳税的纳税人，向用工单位收取用于支付给劳务派遣员工工资、福利和为其办理社会保险及住房公积金的费用，不得开具增值税专用发票，可以开具普通发票。**基于此规定，劳务派遣公司发票的开具方法如下：

1. 一般纳税人选择简易计税方法差额征税的两种发票开具方法

方法一：通过增值税发票管理新系统中正常开票功能，以取得的全部价款和价外费用，扣除代用工单位支付给劳务派遣员工的工资、福利和为其办理社会保险及住房公积金后的余额依5%的征收率开具增值税专用发票；代用工单位支付给劳务派遣员工的工资、福利和为其办理社会保险及住房公积金依5%的征收率开具增值税普通发票。

方法二：通过新系统中差额征税开票功能，录入含税销售额（取得的全部价款和价外费用）和扣除额（代用工单位支付给劳务派遣员工的工资、福利和为其办理社会保险及住房公积金），系统自动计算税额和不含税金额，备注栏自动打印"差额征税"字样，开具发票时不应与其他应税行为混开。

2. 一般纳税人选择一般计税方法征税的发票开具方法

通过增值税发票管理新系统中正常开票功能，以取得的全部价款和价外费用依 6% 的税率全额开具增值税专用发票。

 四 被派遣劳动者的个人所得税处理

其一，用工单位（非建筑企业）使用劳务派遣公司派出的被派遣劳动者，则被派遣劳动者的个人所得税按照《中华人民共和国个人所得税法》及其实施条例的规定，由劳务派遣公司实施累计预扣法，向劳务派遣公司注册地的税务局，按月预扣预缴被派遣劳动者的个人所得税。

其二，建筑企业使用劳务派遣公司派出的被派遣劳动者，则被派遣劳动者（农民工）的个人所得税，根据国家税务总局公告 2015 年第 52 号的规定，总承包企业和分承包企业通过劳务派遣公司聘用劳务人员跨省异地工作期间的工资、薪金所得个人所得税，由劳务派遣公司依法向工程作业所在地税务机关实施累计预扣法，按月预扣预缴被派遣劳动者的个人所得税。

某劳务派遣合同中不同用工费用条款约定的财税处理

（一）案情介绍

甲企业与某劳务派遣公司签订两份劳务派遣协议，协议都要求劳务派遣公司给甲企业派遣劳动者，甲企业给劳务派遣公司支付劳务派遣费用和被派遣者的工资、社会保险费用。其中，第一份劳务派遣协议用工费用约定：甲企业支付劳务派遣公司总费用 200 万元（其中含劳务派遣公司支付给被派遣劳动者工资 100 万元，支付给被派遣者社会保险费用 50 万元）；第二份劳务派遣协议中约定：甲企业直接支付劳务派遣公司劳务派遣费用 50 万元，直接支付被派遣劳动者工资 100 万元，直接支付被派遣者社会保险费用 50 万元。基于该两份劳务派遣协议中用工费用的约定，甲企业的账务和税务处理如何（假设劳务派遣公司选择差额纳税计算增值税）？

（二）财税分析

根据财税〔2016〕47号第二条的规定，选择差额纳税的纳税人，向用工单位收取用于支付给劳务派遣员工工资、福利和为其办理社会保险及住房公积金的费用，不得开具增值税专用发票，可以开具普通发票。同时，根据肖太寿博士提出的合同控税理论：合同与企业的账务处理相匹配；合同与企业的税务处理相匹配。本案例中的甲企业，基于劳务派遣协议用工费用约定的财税处理分析如下：

1. 劳务派遣协议用工费用的账务处理（单位：元）

第一份劳务派遣协议中用工费用约定的账务处理如下：

借：管理费用——劳务派遣费用　　　　　　　1976190

　　应交增值税——应交增值税（进项税额）23810〔500000÷（1+5%）×5%〕

　　贷：银行存款　　　　　　　　　　　　　　　　　2000000

第二份劳务派遣协议中用工费用的账务处理如下：

借：管理费用——劳务派遣费用　　　　　　　476190

　　应交增值税——应交增值税（进项税额）23810〔500000÷（1+5%）×5%〕

　　应付职工薪酬——工资　　　　　　1000000

　　应付职工薪酬——社会保险费用　　　500000

　　贷：银行存款　　　　　　　　　　　　　　　　　2000000

其中，劳务派遣公司向用人单位甲开具500000元的增值税专用发票和1500000元的增值税普通发票。

2. 劳务派遣协议用工费用的税务处理

第一份劳务派遣协议中200万元劳务派遣费用直接作为"管理费用——劳务费"在甲企业的企业所得税前扣除。

第二份劳务派遣协议中用工费用的税务处理如下：

50万元劳务派遣费用直接作为"管理费用——劳务费"，在甲企业的企业所得税前扣除；100万元作为工资费用在甲企业的企业所得税前扣除，同时作为甲企业的工资薪金总额基数，计算工会经费、职工福利费和教育经费在企业所得税前扣除。

12

农民工工资专用账户管理的
法务、财务和税务处理

农民工工资专用账户管理是指在房屋建筑和市政基础设施工程建设过程中，实行人工费（工资款）与其他工程款分账管理，施工总承包企业（包括直接承包建设单位发包工程的专业承包企业）设立农民工工资专用账户（以下简称工资专用账户）并为农民工办理实名制工资支付银行卡（以下简称工资卡），建设单位（包括项目业主、项目代建管理单位）按照合同约定将应付工程款中的人工费（工资款）拨付至工资专用账户，施工总承包企业委托工资专用账户开户银行（以下简称开户银行）直接将农民工工资发放至工资卡的一系列监督管理活动。在这种农民工工资专用账户管理中，涉及如何签订建筑合同、财务核算和税务处理等一系列问题。

实施农民工工资专用账户管理的法律缘由：规避建筑施工企业拖欠农民工工资的法律风险

（一）拖欠建筑劳务民工工资的企业将被列入"黑名单"

拖欠建筑劳务民工工资的施工企业将列入"黑名单"，面临降低建筑资质的法律风险。《国务院办公厅关于促进建筑业持续健康发展的若干意见》（国办发〔2017〕19号）第六条第（十三）项规定："**健全工资支付保障制度，按照谁用工谁负责和总承包负总责的原则，落实企业工资支付责任，依法按月足额发放工人工资。将存在拖欠工资行为的企业列入'黑名单'，对其采取限制市场准入等惩戒措施，情节严重的降低资质等级。**"《国务院办公厅关于全面治理拖欠农民工工资问题的意见》（国办发〔2016〕1号）第四条第（十）项规定："建立拖欠工资企业'黑名单'制度，定期向社会公开有关信息。"《拖欠农民工工资"黑名单"管理暂行办法》（人社部规〔2017〕16号）第五条规定，用人单位存在下列情形之一的，人力资源社会保障行政部门应当自查处违法行为并作出行政处理或处罚决定之日起20个工作日内，按照管辖权限将其列入拖欠工资"黑名单"。

（1）克扣、无故拖欠农民工工资报酬，数额达到认定拒不支付劳动报酬罪数额标准的。

（2）因拖欠农民工工资违法行为引发群体性事件、极端事件造成严重不良社会影响的。

将劳务违法分包、转包给不具备用工主体资格的组织和个人造成拖欠农民工工资且符合前款规定情形的，应将违法分包、转包单位及不具备用工主体资格的组织和个人一并列入拖欠工资"黑名单"。

基于以上法律规定，建筑施工企业今后发生拖欠民工工资的现象，将被政府管理部门列入"黑名单"，面临降低建筑资质的风险。

（二）拖欠民工工资的施工企业将被列入失信企业

拖欠民工工资的施工企业将被列为失信企业，严重影响施工企业的社会信誉，以后在建筑市场上很难生存发展。

《国务院办公厅关于全面治理拖欠农民工工资问题的意见》（国办发〔2016〕1号）第四条第（十）项规定："**将查处的企业拖欠工资情况纳入人民银行企业征信系统、工商部门企业信用信息公示系统、住房城乡建设等行业主管部门诚信信息平台或政府公共信用信息服务平台。**"同时第四条第（十一）项规定："**对拖欠工资的失信企业，由有关部门在政府资金支持、政府采购、招投标、生产许可、履约担保、资质审核、融资贷款、市场准入、评优评先等方面依法依规予以限制，使失信企业在全国范围内'一处违法、处处受限'，提高企业失信违法成本。**"《拖欠农民工工资"黑名单"管理暂行办法》（人社部规〔2017〕16号）第八条规定："**人力资源社会保障行政部门应当按照有关规定，将拖欠工资'黑名单'信息纳入当地和全国信用信息共享平台，由相关部门在各自职责范围内依法依规实施联合惩戒，在政府资金支持、政府采购、招投标、生产许可、资质审核、融资贷款、市场准入、税收优惠、评优评先等方面予以限制。**"

基于以上规定，拖欠民工工资的施工企业没有信誉，将被列为失信企业，以后很难从银行获得贷款，很难在建筑市场上作为参与中标的入选单位。

（三）拖欠民工工资建筑单位和建筑总承包单位承担主要责任

《国务院办公厅关于全面治理拖欠农民工工资问题的意见》（国办发〔2016〕1号）第二条第（三）项规定："**在工程建设领域，施工总承包企业（包括直接承包建设单位发包工程的专业承包企业，下同）对所承包工程项目的农民工工资支付负总责，分包企业（包括承包施工总承包企业发包工程的专业企业，下同）对所招用农民工的工资支付负直接责任，不得以工程款未到位等为由克扣或拖欠农民工工资，不得将合同应收工程款等经营风险转**

嫁给农民工。"同时，第三条第（九）项规定："在工程建设领域，建设单位或施工总承包企业未按合同约定及时划拨工程款，致使分包企业拖欠农民工工资的，由建设单位或施工总承包企业以未结清的工程款为限先行垫付农民工工资。建设单位或施工总承包企业将工程违法发包、转包或违法分包致使拖欠农民工工资的，由建设单位或施工总承包企业依法承担清偿责任。"基于以上法律政策规定，如果工程建筑企业存在拖欠农民工工资的现象，建筑单位和总承包企业负主要责任。

 ## 实施农民工工资专用账户管理的相关法务处理

（一）实行农民工用工实名制管理

《国务院办公厅关于促进建筑业持续健康发展的若干意见》（国办发〔2017〕19号）第六条第（十二）项规定："建立全国建筑工人管理服务信息平台，开展建筑工人实名制管理，记录建筑工人的身份信息、培训情况、职业技能、从业记录等信息，逐步实现全覆盖。"《国务院办公厅关于全面治理拖欠农民工工资问题的意见》（国办发〔2016〕1号）第二条第（四）项规定："施工总承包企业和工程项目部应配备劳资专管员，留存每名农民工身份证、劳动合同书等复印件；健全农民工进退场、考勤计量、工资支付等管理台账，逐步实现信息化实名制管理。"

《建筑工人实名制管理办法（试行）》第三条规定："本办法用于房屋建筑和市政基础设施工程。"同时第七条规定："总承包企业（包括施工总承包、工程总承包以及依法与建设单位直接签订合同的专业承包企业，下同）对所承接工程项目的建筑工人实名制管理负总责，分包企业对其招用的建筑工人实名制管理负直接责任，配合总承包企业做好相关工作。"

（二）建立健全农民工工资（劳务费）专用账户管理制度

《国务院办公厅关于全面治理拖欠农民工工资问题的意见》（国办发〔2016〕1号）第三条第（八）项规定，在工程建设领域，实行人工费用与其他工程款分账管理制度，推动农民工工资与工程材料款等相分离。施工总承包企业应分解工程价款中的人工费用，在工程项目所在地银行开设农民工工资（劳务费）专用账户，专项用于支付农民工工资。建设单位应按照工程承包合同约定的比例或施工总承包企业提供的人工费用数额，将应付工程款中的人工费单独拨付到施工总承包企业开设的农民工工资（劳务费）专用账户。农民工工资（劳务费）专用账户应向人力资源社会保障部门和交通、水利等工程建设项目主管部门备案，并委托开户银行负责日常监管，确保专款专用。开户银行发现账户资金不足、被挪用等情况，应及时向人力资源社会保障部门和交通、水利等工程建设项目主管部门报告。

（三）实行农民工工资由总承包方代发的制度

根据《国务院办公厅关于全面治理拖欠农民工工资问题的意见》（国办发〔2016〕1号）的规定，**在工程建设领域，鼓励实行分包企业农民工工资委托施工总承包企业直接代发的办法。分包企业负责为招用的农民工申办银行个人工资账户并办理实名制工资支付银行卡，按月考核农民工工作量并编制工资支付表，经农民工本人签字确认后，交施工总承包企业委托银行通过其设立的农民工工资（劳务费）专用账户直接将工资划入农民工个人工资账户。**

基于以上政策规定，在政府工程建设领域，必须要求实施农民工工资专用账户管理，建设单位或业主按照工程进度将工程进度款拨入总承包建筑企业在工程所在地设立的农民工工资专用账户，然后由总承包企业委托农民工工资专用账户的开户行代发农民工工资。

三　农民工工资专用账户管理的财务处理

在农民工工资专用账户管理及银行代发制度下的会计核算将面临一定的难度。下面以一般计税方法计征增值税为例进行具体的财务处理：

（一）建筑总承包方与建设单位或业主与之间的会计核算

当建设单位与建筑总承包方结算工程进度款，并按照工程进度款的一定比例拨付农民工工资到农民工工资专户，并且收到一部分工程进度款时，建筑总承包方的会计核算。

借：银行存款——总承包方基本户

银行存款——农民工工资专用账户

应收账款——建设单位拖欠的部分工程结算进度款（建筑合同中约定
拖欠的部分工程款到工程最后验收合格后再进行支付）

贷：工程结算［总承包方与建设单位结算的进度款÷（1+9%）］

应交税费——待转销项税额［建设单位拖欠的部分工程结算进
度款÷（1+9%）］

应交税费——应交增值税（销项税额）［总承包方收到的部分工
程结算进度款（含拨付农民工工资专户的农民工
工资)÷(1+9%)×9%]

以后工程竣工验收合格后，建设单位支付总承包方的拖欠的工程进度款
时，建筑总承包方的会计核算；

借：应交税费——待转销项税额［建设单位拖欠的部分工程结算进度款÷
（1+9%）］

贷：应交税费——应交增值税（销项税额）

（二）建筑企业总承包方与建筑劳务公司或建筑专业分包方之间会计核算

当建筑总承包方与建筑劳务公司或建筑专业分包方之间结算工程进度
款，并按照工程进度款的一定比例通过农民工工资专户代发农民工工资，同
时支付建筑劳务公司或建筑专业分包方一部分劳务款或工程进度款时，拖欠
另一部分劳务款或工程进度款时的会计核算。

（1）建筑企业总承包方的会计核算（劳务公司和专业分包方都开增值税
专用发票）。

借：工程施工——分包合同成本

应交税费——应交增值税（待认证抵扣进项税额）［（支付分包方
部分劳务款或工程进度款+通过农民工工资专户代发
农民工工资)÷(1+9%)×9%]

贷：应付账款（建筑分包合同中约定拖欠的部分劳务款或工程进度
款到工程最后验收合格后再进行支付）

银行存款——通过农民工工资专户代发农民工工资

银行存款——支付分包方部分劳务款或工程进度款

当建筑企业总承包方认证抵扣增值税专用发票时的会计核算：

借：应交税费——应交增值税（进项税额）

　　贷：应交税费——应交增值税（待认证抵扣进项税额）［（支付分包
方部分劳务款或工程进度款+通过农民工工资专
户代发农民工工资）÷(1+9%)×9%］

（2）劳务公司或建筑专业分包方的会计核算。

借：银行存款——收到总承包方支付的部分劳务款或工程进度款

　　应付账款——通过总包代付农民工工资

　　贷：工程结算［（收到总承包方支付的部分劳务款或工程进度款+
通过总包代付农民工工资）÷(1+9%)］

　　　　应交税费——应交增值税（销项税额）［（收到总承包方支付的部
分劳务款或工程进度款+通过总包代付农民工工
资）÷(1+9%)×9%］

　　　　　　——待转销项税额［总承包方拖欠的部分工程进度款÷（1+
9%)×9%］

（3）劳务公司或建筑专业分包方与农民工的劳务结算的会计核算。

借：工程施工——分包合同成本（农民工工资）

　　贷：应付账款——通过总包代付农民工工资

四　农民工工资专用账户管理存在的税务风险

根据《企业所得税税前扣除凭证管理办法》（国家税务总局 2018 年公告第 28 号）第二条的规定，**税前扣除凭证，是指企业在计算企业所得税应纳税所得额时，证明与取得收入有关的、合理的支出实际发生，并据以税前扣除的各类凭证。**

《国家税务总局关于加强增值税征收管理若干问题的通知》（国税发〔1995〕192 号）第一条第（三）项规定：**"纳税人购进货物或应税劳务，支付运输费用，所支付款项的单位，必须与开具抵扣凭证的销货单位、提供劳务的单位一致，才能够申报抵扣进项税额，否则不予抵扣。"**

基于以上税收政策分析，在农民工工资专用账户管理及银行代发制度下的涉税风险主要体现在以下两方面：

第一，建筑企业总承包方与建设单位或业主之间的合同与发票开具不匹配，票款不一致，不可以抵扣增值税进项税和企业所得税。

第二，建筑企业总承包方与用工主体（专用分包方或劳务公司）之间的合同与发票开具不匹配，票款不一致，不可以抵扣增值税进项税额和企业所得税。

五　农民工工资专用账户管理税务风险的规避

（一）农民工工资专户管理税务风险的规避策略一：合同控税策略

1. 签订总合同的风险规避

建筑企业总承包方与建筑单位或业主签订总承包合同时，必须在总承包合同中约定以下两条涉税风险规避条款。

（1）在总承包合同中约定"农民工工资支付管理"条款，该条款约定以下内容：

第一，设立工资专用账户。施工总承包企业在项目所在地选择一家银行设立农民工工资专用账户。

第二，办理工资卡。施工总承包企业负责为该项目所用农民工（含分包企业农民工）免费办理工资卡，开通短信通知业务，交由农民工本人保管和使用。

第三，拨付人工费（工资款）及责任。

建设单位应按照合同约定及时确认施工总承包企业已完工产值，以不低于当月已完工产值的一定比例（如25%），作为当月人工费（工资款），单独拨付至施工总承包企业的工资专用账户对应项目中（若人工费数额大于当月已完工产值的一定比例时，按实际人工费数额拨付；若人工费数额小于当月已完工产值的一定比例时，按当月已完工产值的一定比例拨付）。同时，合同约定建设方未按期拨付工程款的违约责任等事宜，承担因未按期拨付人工费（工资款）而导致的工期延误、停工损失等全部责任，不得将未完成审计作为延期工程结算、拖欠工程款的理由。

第四，委托银行代发农民工工资。施工总承包企业委托工资专用账户开户银行（以下简称开户银行）直接将农民工工资发放至工资卡。

（2）在总承包合同中约定"发票开具"条款，该条款约定以下内容：

建筑总承包方向建设单位或业主开具增值税专用发票时，在发票备注栏打印"含建设单位向农民工工资专户拨付农民工工资×××元"，建设单位将银行盖章的拨付至施工总承包企业的农民工工资专用账户对应项目流水单交给建筑总承包方，建筑总承包方将该银行盖章的农民工资拨付流水单与增值税发票存根联一同装订备查。

2. 签订分包合同的风险规避

总承包企业与劳务分包企业或专业分包企业签订分包合同或者专业分包方与劳务公司签订分包合同时，必须在合同中约定以下两条涉税风险规避条款。

（1）总承包企业与劳务分包企业或专业分包企业签订分包合同或者专业分包方与劳务公司签订分包合同时，必须在合同中专门有一条"农民工工资支付条款"。该条款必须明确以下几条：

第一，用工单位（专用分包人和劳务公司）的农民工工资由建筑总承包方代发。

第二，劳务分包企业或专业分包企业负责为招用的农民工在建筑工地所在地建委指定的农民工工资专用账户的开户行申办银行个人工资账户并办理实名制工资支付银行卡，并负责将工资卡发放至农民工本人手中。

第三，劳务分包企业或专业分包企业指定的劳资专管员负责每月考核农民工工作量并编制工资支付表，经农民工本人签字确认后，将"农民工工时考勤表"和"农民工工资表"交劳务分包企业或专业分包企业负责人审核无误并签字后，一式两份，其中一份交施工总承包单位委托银行通过其设立的农民工工资专用账户直接将工资划入农民工个人工资银行卡中。

（2）在专业分包合同或劳务分包合同中约定"发票开具"条款，该条款约定以下内容：

第一，建筑专业分包企业或劳务公司向建筑总承包方或劳务公司向专业分包企业开具增值税专用发票时，在发票"备注栏"打印"含总包企业通过农民工工资专户代付农民工工资×××元"，建筑总承包方将银行盖章的农民工资发放流水单交给专业分包企业或劳务公司，专业分包企业或劳务公司将该银行盖章的农民工资发放流水单与增值税发票存根联一同装订备查。

第二，专业分包方向建筑总承包方开具增值税发票或劳务公司向建筑专业分包方开具增值税发票时，必须在发票"备注栏"打印"项目所在地的县市（区）和项目的名称"。

 案例分析

劳务分包合同规避税务风险签订要点的示范

某建筑公司总承包方与劳务公司签订劳务分包合同 1000 万元，工程所在地和项目名称为：江西省宁都县翠微路桥项目。该建筑公司代发劳务公司农民工工资 940 万元，劳务公司给建筑公司开具的发票金额为 1000 万元（含增值税），则劳务合同的签订要点如下：

一是在劳务分包合同中"劳务人员工资发放办法"条款中明确注明"建筑企业代发劳务公司农民工工资"。

二是在劳务分包合同中的"发票开具"条款中约定：劳务公司给建筑公司开劳务发票时必须在发票"备注栏"中写明两点：

（1）建筑公司代发劳务公司农民工工资 940 万元。

（2）江西省宁都县翠微路桥项目。

（二）农民工工资专户管理税务风险的规避策略二：建立农民工工资涉税管理内控制度

建筑企业和劳务公司必须加强民工管理，建立农民工工资涉税管理内控制度，具体的管理制定如下：

1. 劳资专管员做实民工工时考勤记录工作

施工企业必须在工程项目部配备一名劳资专管员（可以是劳工队包工头或工头），加强民工的进场、出场登记管理，每月编制由劳资专管员和民工本人签字的"民工工时考勤记录表"，记录表一式两份（只存在建筑总承包方与专业分包人或建筑总承包方与劳务公司签订分包合同的情况下），一份给建筑企业总承包方存档备查，另一份给建筑专业分包方或劳务公司做账进行会计核算的依据。或一式三份（存在建筑总承包方分包给建筑专业分包方，然后专业分包方分包给劳务公司的情况下），一份给建筑企业总承包方存档备查，一份给建筑专业分包方做账进行会计核算的依据，一份给劳务公司做账进行会计核算的依据。

2. 法务部门或合同管理部门每月核对"民工工时考勤记录表"上名单的真实性

建筑企业或劳务公司的法务部门或合同管理部门必须每月依照"劳动合同签订名单名册"上的民工姓名对劳资专管员递交给法务部门或合同管理部

门的"民工工时考勤记录表"上的民工姓名进行核对，确保"民工工时考勤记录表"上名单的真实性。然后法务部门或合同管理部门负责人在审核后的"民工工时考勤记录表"上的"核对人"栏上签字后，将一份"民工工时考勤记录表"递交给建筑总承包企业财务部作为代发民工工资的依据；另一份递交给劳务公司或建筑专业分包方财务部做账的依据。具体的表格格式如表12-1所示。

表12-1 _____年___月民工工时考勤登记表

姓名	身份证号码	工作时间（工作量）	所归属班组名称	备注	民工签字

班组长签字：　　　　　　　　　项目签字：　　　　　　　　财务部核对人签字：

财务部负责人签字：　　　　　　法人代表签字：

3. 办理农民工工资卡

施工总承包企业负责在农民工工资专用账户的开户行为该项目所用农民工（含分包企业农民工，下同）免费办理工资卡，开通短信通知业务，交由农民工本人保管和使用；分包企业（包括承接施工总承包企业发包工程的专业企业、劳务企业，下同）应及时将所用农民工花名册报施工总承包企业。施工总承包企业负责农民工工资卡的补办、变更等事宜。

4. 收集每一位农民工本人签字的身份证复印件

劳资专管员必须收集每一位民工的身份证复印件，并要求民工本人务必在其身份证复印件上签字确认。

5. 编制每月民工工资表

施工企业和劳务公司的班组长或劳资专管员根据"民工工时考勤记录表"编制每月"民工工资表"，要求民工本人在工资清单上签字并按手印，一式两份，一份给施工企业总承包企业代发工资的依据，另一份给建筑专业分包方或劳务公司做成本核算依据。

6. 财务部每月核对"民工工资表"上名单的真实性

建筑企业或劳务公司的财务部必须每月依照审核签字无误后的"民工工

时考勤记录表"，将"民工工时考勤记录表"上的民工姓名、工作时间或工程量与"民工工资表"进行核对，确保"民工工资表"上的民工姓名、工作时间或工程量的真实性。然后财务部负责人在审核后的"民工工资表"的"核对人"栏上签字后，交给财务部负责人签字后，财务部留一份作为代发民工工资的依据；另一份递交给劳务公司财务部做账的依据。具体的表格格式如表12-2所示。

表12-2　农民工工资支付表（　　年　　月）

项目名称：　　　　　　　填表单位（盖章）：　　　　　填报人：

联系电话：　　　　　　　填报日期：　　年　月　日

序号	姓名	身份证号码	工种	工资结算起止时间	月工资（元）	实发工资（元）	工资卡开户银行	工资卡卡号	联系电话	农民工签字	备注

班组长签字：　　　　　　项目签字：　　　　　　财务部核对人签字：

财务部负责人签字：　　　　法人代表签字：

7. 在项目部公示工资表

用工主体（包括直接使用农民工的施工总承包企业和分包企业）按月考核农民工完成工作量编制"农民工工资支付表"，经农民工本人签字确认后交施工总承包企业在建筑工地醒目位置予以公示，公示期不得少于5日。农民工工资发放公示表如表12-3所示。

表12-3　农民工工资发放公示表

_____项目_____标段工友们：

　　我公司将于近日通过银行汇款方式发放你们在本项目自____年____月____日至____年____月结算的劳务工资款。本次发放工资名单如下，如对工资核算存在异议的，请及时向本公司项目部投诉反映。

××（建筑单位）劳资监督员姓名：　　　　　联系电话：

××（施工总承包企业）劳资管理员姓名：　　　　联系电话：

××（用工主体/分包企业）劳资管理员姓名：　　　联系电话：

表12-4 工资名单

序号	工种	工人姓名	本次工资核算截止日期	备注
1				
2				
3				
4				
5				
6				
7				

说明：1. 在本名单中有不属于本班组工人的，请工友向项目部投诉，避免有人冒领工资。2. 本公示名单需加盖用工主体单位公章。

用工主体为分包企业的，由分包企业向施工总承包企业出具农民工工资代发委托书，委托书样式如下所示：

农民工工资代发委托书

（参考文本）

甲方：（施工总承包企业）

乙方：（分包企业）

_____项目农民工工资，根据《中华人民共和国合同法》和《关于建筑领域实施农民工工资专用账户管理及银行代发制度的通知》等相关要求，经双方友好协商。现就农民工工资委托支付事宜协议如下：

一、甲方承诺按合同约定，按月足额发放农民工工资。不得以工程款被拖欠为由拒付农民工工资。

二、乙方委托甲方代发农民工工资，承诺每月按时将施工班组签字和农民工本人签字确认的农民工工资表报送甲方，并对其真实性负责。

三、农民工工资应按月支付，支付的工资作为甲方拨付工程进度款的依据，并从中扣除。

四、农民工工资发放及考勤

1. 乙方对所用农民工进退场登记，甲方应该为乙方登记提供方便，并实施有效监督。

2. 甲方委派_____为劳资管理员，乙方委派_____为劳资管理员，负责农民工进出场登记、用工考勤及计量、工资编制、审核、上报、发放等工作。

五、违约责任

施工期间，若发生农民工工资拖欠问题，按下列方式处理：

1. 甲方按规定落实对农民工工资负总责，无条件支付和解决所欠农民工工资，并承担相应的违约责任。

2. 乙方伪造出勤信息、提供假身份信息套取工资、高估冒算超出费用，甲方向乙方追偿，并从剩余劳务工程款中直接扣除。

3. 任何一方未履行承诺，对方有权追究其法律责任。本协议一式两份，甲乙双方执一份，双方签字盖章后生效。

甲 方：（盖章）　　　　　　　　乙方：（盖章）

法定代表人：（签字）　　　　　　法定代表人：（签字）

　　年　月　日　　　　　　　　　　年　月　日

（注：本协议为参考文本，在此基础上，协议双方可根据项目的具体要求进行补充。）

13

自然人挂靠建筑企业承接建筑
劳务从被挂靠方取出利润的
两种渠道及个税处理

肖太寿财税工作室（公众微信号：xtstax）通过实践调研分析得出以下结论：对于包工头或自然人（挂靠方）挂靠建筑企业承接业务后，要将其赚取的利润从被挂靠方的建筑企业账上提取出来，有两种合同策略：一是自然人挂靠方直接与被挂靠方签订劳动合同，将自然人挂靠方聘为项目经理；二是自然人挂靠方与被挂靠方签订承包经营合同，合同约定：承包人以被挂靠方的名义对外经营，除了上交一定的管理费用外，经营所得归自然人承包人所有。具体分析如下：

 ## 管控策略一：自然人挂靠方直接与被挂靠方签订劳动合同，将自然人挂靠方聘为项目经理的实操要点

（一）被挂靠方每月给自然人挂靠方预发工资和缴纳社保

被挂靠方每月给自然人挂靠方预发工资和缴纳社会保险费用，具体操作如下：

（1）被挂靠方必须每月给自然人挂靠方预提工资，依法扣缴个人所得税，然后将税后工资从"应付职工薪酬"科目结转到"其他应付款——××挂靠人"。

（2）被挂靠方每月给挂靠人预提的工资要依法扣除个税，依法申报社保费，在没有收到预付款的情况下，被挂靠方不可能扣个税、发工资。建议按以下方法进行处理：

被挂靠方通知挂靠人先将款转入被挂靠方的账户，被挂靠方会计上做以下分录：

借：银行存款

　　贷：其他应付款——××挂靠人

然后被挂靠方将这笔资金用于支付社会保险费用和缴纳个人所得税；当业主向被挂靠方支付工程进度款时，被挂靠方将扣除相关税费后和管理费的余额支付给挂靠方冲减前面拖欠挂靠方的资金，会计上做以下分录：

借：其他应付款——××挂靠人

　　贷：银行存款

（3）每年的 5 月 31 日前，被挂靠方必须发放账上挂的拖欠挂靠人的税后工资，发放工资的前提是要收到业主给施工单位支付的工程款，如果未收

到业主的工程款，则被挂靠方必须通知挂靠方垫资，将资金转入被挂靠方的账户用于给挂靠人发税后工资，被挂靠方做借款处理，绝对不能出现拖欠业主的税后工资在 5 月 31 日之后未发放的情况。

（二）被挂靠方已收到挂靠方的补偿金

被挂靠方的建筑企业账上属于挂靠方分享的利润扣除为挂靠方预发工资、社会保险费用和解聘挂靠人给予的一次性经济补偿金后的剩余部分，平均分摊到工程预计完工的年限，通过年终奖的方式进行发放。该年终奖要依照年终奖的税收政策计算并扣除个人所得税。

1. 具体操作

（1）被挂靠方必须与挂靠人签订内部承包协议，明确双方的责任与义务。

（2）被挂靠方将挂靠人聘为项目经理，签订劳动合同，劳动合同期限是该挂靠工程项目预计需要完工的工期。

（3）工程完工后，挂靠方继续给自然人支付一年的工资和社会保险费用，合同到期后，被挂靠方解聘自然人挂靠人，被挂靠方应给予挂靠自然人一次性劳动经济补偿金，该经济补偿金将从挂靠人在本项目赚取的利润当中进行扣除。

2. 解除劳动合同获取一次性经济补偿金的税务和保险费用的处理

（1）增值税的处理。《国家税务总局关于发布〈企业所得税税前扣除凭证管理办法〉的公告》（国家税务总局 2018 年公告第 28 号）第十条规定，**企业在境内发生的支出项目不属于应税项目的，对方为单位的，以对方开具的发票以外的其他外部凭证作为税前扣除凭证；对方为个人的，以内部凭证作为税前扣除凭证**。基于此规定，不属于应税项目的支出的税前扣除凭证处理：

第一，对方为单位的，以对方开具的发票以外的其他外部凭证作为税前扣除凭证。即不属于应税项目，对方不开发票，开收款收据之类的即可。

第二，对方为个人的，以内部凭证作为税前扣除凭证。即不属于应税项目，对方开收款收据。

基于以上税收政策规定，解除劳动合同获取一次性经济补偿金的劳动者，用人单位支出一次性经济补偿金不属于应税项目（获得经济补偿金的劳动者没有发生增值税纳税义务），因此，解除劳动合同获取一次性经济补偿金的劳动者不要到税务主管部门向用人单位代开发票，直接以劳动者签字并按手印的收款收据、该劳动者的身份证复印件和与用人单位签订的劳动合同书等内部凭证作为税前扣除凭证。

（2）企业所得税的处理。《中华人民共和国企业所得税法》（中华人民共和国主席令第 63 号）第八条规定，**企业实际发生的与取得收入有关的、合理的支出，包括成本、费用、税金、损失和其他支出，准予在计算应纳税所得额时扣除。**《中华人民共和国企业所得税法实施条例》（国务院令第 512 号）第二十七条规定，**企业所得税法第八条所称有关的支出，是指与取得收入直接相关的支出。《企业所得税法》第八条所称合理的支出，是指符合生产经营活动常规，应当计入当期损益或者有关资产成本的必要和正常的支出。**

因此，基于以上税法的规定，解除合同一次性支付的补偿金，属于企业为服从生产经营活动管理需要发生的合理支出，可以按规定申报税前扣除。

（3）个人所得税的处理。《财政部关于个人所得税法修改后有关优惠政策衔接问题的通知》（财税〔2018〕164 号）第五条第（一）项规定："**个人与用人单位解除劳动关系取得一次性补偿收入（包括用人单位发放的经济补偿金、生活补助费和其他补助费），在当地上年职工平均工资 3 倍数额以内的部分，免征个人所得税；超过 3 倍数额的部分，不并入当年综合所得，单独适用综合所得税率表，计算纳税。**"其中，综合所得税率表是《中华人民共和国个人所得税法》中的"个人所得税税率表一（综合所得适用）"如表 13-1 所示。

表 13-1　个人所得税税率表一（综合所得适用）

级数	全年应纳税所得额	税率（%）
1	不超过 36000 元的	3
2	超过 36000 元至 144000 元的部分	10
3	超过 144000 元至 300000 元的部分	20
4	超过 300000 元至 420000 元的部分	25
5	超过 420000 元至 660000 元的部分	30
6	超过 660000 元至 960000 元的部分	35
7	超过 960000 元的部分	45

（4）社保费用的处理。根据《关于规范社会保险缴费基数有关问题的通知》（劳社险中心函〔2006〕60 号）的规定，劳动合同制职工解除劳动合同时由企业支付的医疗补助费、生活补助费以及一次性支付给职工的经济补偿金，根据国家统计局的规定，不计入工资总额，在计算缴费基数时应予剔除。

《财政部、国家税务总局关于个人与用人单位解除劳动关系取得的一次性补偿收入征免个人所得税问题的通知》（财税〔2001〕157号）第二条规定："个人领取一次性补偿收入时按照国家和地方政府规定的比例实际缴纳的住房公积金、医疗保险费、基本养老保险费、失业保险费，可以在计征其一次性补偿收入的个人所得税时予以扣除。"

案例分析

某企业高管人员解除劳动合同给予经济补偿金的个人所得税处理（1）

（一）案情介绍

北京鸿图建筑公司高管肖先生，在公司任职16年，2019年11月依法与公司解除劳动关系，获得公司一次性补偿收入（包括用人单位发放的经济补偿金、生活补助费和其他补助费）48万元，肖先生离职前12个月的月平均工资为30000元，当地上年度职工年平均工资60000元。请分析计算肖先生解除劳动合同获得的经济补偿金应缴纳多少个人所得税。

（二）解除劳动合同获得一次性经济补偿金的个人所得税处理

1. 法律依据

《中华人民共和国劳动合同法》规定，劳动者月工资高于用人单位所在直辖市、设区的市级人民政府公布的本地区上年度职工月平均工资3倍的，经济补偿的标准按职工月平均工资3倍的数额支付，向其支付经济补偿的年限最高不超过12年。其中，月工资是指劳动者在劳动合同解除或者终止前12个月的平均工资。

2. 肖先生获得的经济补偿标准

由于肖先生在劳动合同解除或者终止前12个月的平均工资为30000元，当地政府规定的上年度职工月平均工资为60000÷12×3＝15000（元）。因此，肖先生与公司解除劳动关系应获得的经济补偿金标准为当地上年职工月平均工资的3倍，即60000÷12×3＝15000（元）。

3. 肖先生获得的经济补偿总金额

根据以上分析，肖先生应按15000元的补偿金标准计算经济补偿总金额，由于肖先生工作年限超过12年，则按照工作年限12年计算支付经济补偿金。因此，肖先生获得的经济补偿总金额为60000÷12×3×12＝15000×12＝180000（元）。

4. 肖先生获得的一次性补偿总金额的个人所得税

《财政部关于个人所得税法修改后有关优惠政策衔接问题的通知》（财税〔2018〕164号）第五条第（一）项规定，肖先生因解除劳动合同而获得的一次性补偿收入（包括用人单位发放的经济补偿金、生活补助费和其他补助费）480000元中，在当地上年职工平均工资3倍数额以内的部分，免征个人所得税。即在计算个人所得税时，可税前扣除的经济补偿金（免个人所得税的应纳税所得额）＝60000×3＝180000（元）。

应纳税所得额＝480000－180000＝300000（元）

对照年综合所得税率表，肖先生因解除劳动合同获得的一次性补偿收入为：应纳个人所得税＝36000×3%＋（144000－36000）×10%＋（300000－36000－144000）×20%＝1080+10800+24000＝35580（元）

被挂靠方给挂靠人预提工资和缴纳社保费用，年终按绩效考核办法给挂靠人发放年终奖，挂靠人的工资、社保将从挂靠人在本项目赚取的利润当中进行扣除。具体的筹划策略和相关法律依据分析如下：

第一，居民取得全年一次性奖金的个税计算的法律依据分析。

根据《财政部、国家税务总局关于个人所得税法修改后有关优惠政策衔接问题的通知》（财税〔2018〕164号）第一条第（一）项的规定。居民个人取得全年一次性奖金，符合《国家税务总局关于调整个人取得全年一次性奖金等计算征收个人所得税方法问题的通知》（国税发〔2005〕9号）规定的，在2021年12月31日前，不并入当年综合所得，以全年一次性奖金收入除以12个月得到的数额，按照本通知所附按月换算后的综合所得税率表（以下简称月度税率表），确定适用税率和速算扣除数，单独计算纳税。计算公式为：

应纳税额＝全年一次性奖金收入×适用税率－速算扣除数

居民个人取得全年一次性奖金，也可以选择并入当年综合所得计算纳税。

自2022年1月1日起，居民个人取得全年一次性奖金，应并入当年综合所得计算缴纳个人所得税。

基于以上税法政策规定，肖太寿财税工作室（公众微信号：xtstax）认为居民个人取得全年一次性奖金收入的个税计算方法如下：

如果在2021年12月31日之前取得的全年一次性奖金收入，则可以从以下两种计税方法中任选一种：

一是不并入当年综合所得计算法。即居民个人将取得的全年一次性奖金收入不并入当年综合所得，直接以取得的全年一次性奖金收入除以 12 个月得到的数额，查找按月换算后的综合所得税率表（以下简称月度税率表），如下附件：按月换算后的综合所得税率表所示，确定适用税率和速算扣除数，单独计算纳税。计算公式为：

应纳个人所得税额=全年一次性奖金收入×适用税率−速算扣除数

表 13-2　按月换算后的综合所得情况

级数	全月应纳税所得额	税率（%）	速算扣除数
1	不超过 3000 元的	3	0
2	超过 3000 元至 12000 元的部分	10	210
3	超过 12000 元至 25000 元的部分	20	1410
4	超过 25000 元至 35000 元的部分	25	2660
5	超过 35000 元至 55000 元的部分	30	4410
6	超过 55000 元至 80000 元的部分	35	7160
7	超过 80000 元的部分	45	15160

二是并入当年综合所得计算法。即居民个人将取得的全年一次性奖金收入并入当年综合所得，按照新的《中华人民共和国个人所得税法》（中华人民共和国主席令第 9 号），按照年度计税个人所得税，在次年的 3 月 31 日和 6 月 30 日之前进行个人所得税的汇算清缴。以每一纳税年度的收入额（含并入的全年一次性奖金收入）减去费用六万元以及专项扣除、专项附加扣除和依法确定的其他扣除后的余额，为应纳税所得额，然后按照个人所得税税率表一（综合所得适用）的超额累进税率计算个人所得税。

如果在 2022 年 1 月 1 日之后取得的全年一次性奖金收入的个税计算方法：必须并入当年综合所得计算法。

第二，筹划策略及案例分析。

如果在 2021 年 12 月 31 日之前居民取得全年一次性奖金收入，要将全年一次性奖金收入并入当年综合所得计算个税和全年一次性奖金收入与工资分别计算个税再加总计算个税，选择缴税最少的方式，不一定非得应用全年一次性奖金收入单独计税方式。

如果在 2022 年 1 月 1 日之后，居民个人取得全年一次性奖金，则要充分扣除超额累计税率的税率级距的"零界点"。

案例分析

某居民个人取得全年一次性奖金收入个税的计算（1）

（一）案情介绍

王勇 2019 年取得工资薪金综合所得收入 12 万元，其中个人负担的社保每月 500 元，专项附加扣除每月 3000 元（子女教育每月 1000 元，房贷利息每月 1000 元，赡养老人每月 1000 元），年末公司发放年终奖 5 万元。请问：2019 年王勇如何筹划才能缴纳最少的个人所得税？

（二）王勇应缴纳个税的计算

1. 并入当年综合所得计算法：年终奖与工资合并计算

应纳个人所得税 =（120000+50000-60000-500×12-3000×12）×10%-2520 = 6800-2520 = 4280（元）

2. 不并入当年综合所得计算法：年终奖与工资分别计算

工资应纳个人所得税 =（120000-60000-500×12-3000×12）×3% = 18000× 3% = 540（元）

年终奖应纳个人所得税 = 50000×10%-210 = 5000-210 = 4790（50000÷12）= 4167（元）

按月换算后的综合所得税率表，确定适用税率和速算扣除数分别为 10% 和 210。

合计应纳个人所得税 = 540+4790 = 5330（元）

3. 纳税结论

不并入当年综合所得比并入当年综合所得纳税增加个人所得税 1050（5330-4280）元。

（三）个税筹划方案

通过以上涉税成本计算分析，个税筹划方案为：将王勇取得的一次性奖金收入 5 万元并入当年的综合所得（12 万元）合并计算缴纳个人所得说。

案例分析

某居民个人取得全年一次性奖金收入个税的计算（2）

（一）案情介绍

李华 2019 年取得工资收入 20 万元，其中个人负担的社保每月 500 元，专项附加扣除每月 3000 元（子女教育每月 1000 元，房贷利息每月 1000 元，赡养老人每月 1000 元），年末公司发放年终奖 10 万元，请问 2019 年李华如何筹划才能缴纳最少的个人所得税？

（二）李华应缴纳个税的计算

1. 并入当年综合所得计算法：年终奖与工资合并计算

应纳个人所得税＝（200000＋100000－60000－500×12－3000×12）×20%－16920＝39600－16920＝22680（元）

2. 不并入当年综合所得计算法：年终奖与工资分别计算

工资应纳个人所得税＝（200000－60000－500×12－3000×12）×10%－2520＝9800－2520＝7280（元）

年终奖应纳个人所得税＝100000×10%－210＝10000－210＝9790（100000÷12＝8333（元），按月换算后的综合所得税率表，确定适用税率和速算扣除数分别为10%和210。

合计应纳个人所得税＝7280＋9790＝17070（元）

3. 纳税结论

不并入当年综合所得比并入当年综合所得纳税减少个人所得税5610（22680－17070）元。

（三）个税筹划方案

通过以上涉税成本计算分析，个税筹划方案为：将李华取得的一次性奖金收入10万元不并入当年的综合所得（20万元），应单独计算个人所得税。

案例分析

某居民个人取得全年一次性奖金收入个税的计算（3）

（一）案情介绍

刘兰2019年取得工资收入12万元，其中个人负担的社保每月500元，专项附加扣除每月3000元（子女教育每月1000元，房贷利息每月1000元，赡养老人每月1000元），年末公司发放年终奖20万元。请问：2019年刘兰如何筹划才能缴纳最少的个人所得税？

（二）应缴纳个税的计算

1. 并入当年综合所得计算法：年终奖与工资合并计算

应纳个人所得税＝（120000＋200000－60000－500×12－3000×12）×20%－16920＝43600－2520＝26680（元）

2. 不并入当年综合所得计算法：年终奖与工资分别计算

工资应纳个人所得税＝（120000－60000－500×12－3000×12）×3%＝18000×

3%＝540（元）

年终奖应纳个人所得税＝200000×20%－1410＝40000－1410＝38590（200000÷12）＝16667（元），按月换算后的综合所得税率表，确定适用税率和速算扣除数分别为20%和1410。

合计应纳个人所得税＝540+38590＝39130（元）。

3. 纳税结论

不并入当年综合所得比并入当年综合所得纳税增加个人所得税12450（39130-26680）元。

（三）个税筹划方案

通过以上涉税成本计算分析，个税筹划方案为：将刘兰取得的一次性奖金收入20万元并入当年的综合所得（12万元），合并计算个人所得税。

（三）进入项目成本的期间费用

充分利用国家税收政策，将项目工程发生的期间费用尽量进项目成本，具体费用如下：

1. 挂靠人的私家车在工程项目上发生的费用的处理

由于实践中挂靠人经常将自己私家车用在项目工程上，为了考虑私家车发生的一些费用进项目成本，可以从以下两方面来操作：

（1）挂靠人可以与被挂靠方签订私车公用协议，在协议中约定由被挂靠方承接的项目定额承担一定的汽油费、过路过桥费、停车费等费用。在私车公用协议中定额约定的企业真实发生的与取得收入相关的汽油费、过路过桥费、停车费等符合《企业所得税法》第八条规定的支出可以在企业所得税前扣除。但是应由车主（挂靠方）承担的汽车本身的支出如车辆保险费、车辆购置税、折旧费等不可以在企业所得税前扣除。同时挂靠人与被挂靠方签订私车公用协议书，在协议中定额约定实际经营中发生的并由被挂靠方承接的项目部承担的汽油费、过路过桥费、停车费，不属于员工在公司任职或者受雇有关的其他所得，不缴纳个人所得税。

（2）被挂靠方与挂靠方签订私车租赁协议，在租赁合同约定每月租金的同时，并约定由工程项目部每月承担定额的汽油费、过路过桥费、停车费，挂靠方凭租赁合同和身份证到当地国税局代开普通发票，准予在企业所得税前进行扣除。但不能在租赁合同中约定应由车主（挂靠方）承担的汽车的车辆保险费、车辆购置税、折旧费等支出，所以，这些费用不可以在企业所得税前进行扣除。

2. 业务招待费用、差旅费用、会议费用和评审费用的处理

挂靠方为开展挂靠项目所发生的差旅费用中的交通费用、住宿费用凭发票回被挂靠方实报实销,差旅费津贴凭领款清单报销。

根据《中华人民共和国企业所得税法》的规定,业务招待费用的扣除标准是按照工程项目年度收入的 0.5% 与年度实际发生业务招待费用的 60%,依照孰低的原则在项目工程年度企业所得税前进行扣除。挂靠方在项目施工过程中,在发生业务招待费用时,必须向酒店或餐馆索取以被挂靠方抬头的合法的增值税发票。

《中央和国家机关会议费管理办法》(财行〔2016〕214 号)第十四条规定,**会议费开支范围包括会议住宿费、伙食费、会议室租金、交通费、文件印刷费、医药费等**。《财政部 国家税务总局关于全面推开营业税改征增值税试点的通知》(财税〔2016〕36 号)附件 1:《营业税改征增值税试点实施办法》第二十七条第(六)项规定,**购进的旅客运输服务、贷款服务、餐饮服务、居民日常服务和娱乐服务的进项税额不得从销项税额中抵扣。基于此规定,挂靠方平常为工程项目所发生的会议费用,要求酒店开具被挂靠人抬头的住宿费增值税专用发票、餐费增值税普通发票,会议室或会议场地租金的增值税专用发票给被挂靠方财务做账进成本。**

建筑企业发生"项目评审专家咨询费",挂靠方应该到当地国税局代开增值税普通发票给被挂靠方财务做账进成本。

3. 工程项目所发生的赔偿费用和搬运劳务费用的处理

建筑企业工地上的一些费用支出是不需要发票就可以直接进被挂靠方的成本核算的,例如,工地上的材料设备搬运工、装卸工、工程完工后的现场清理工,每人每次支出如果在 500 元(增值税起征点)以下,只要凭个人身份证和劳务费用支出清单(劳务人员须在支付清单上签字并按手印)到当地国税局代开劳务发票,不免征增值税;每月每次支出超过 500 元但低于 800 元(劳务报酬所得)时免个人所得税。另外,建筑企业工地上发生的工伤赔偿费用、青苗补偿费用、噪声扰民费用也不需要发票,凭补偿协议、身份证复印件、签字的收款收据就可以进成本。

4. 挂靠人自己购买的机械设备用于项目上使用的处理

实践中,如果挂靠人购买的机械设备用于项目工地上,应该将设备租赁给项目部,挂靠人应与被挂靠方签订机械设备租赁合同,约定租金,挂靠人到当地国税局代开增值税普通发票进行项目成本核算。

5. 挂靠人民间融资费用的税务处理

实践中,挂靠人往往要为工程项目进展而发生民间融资行为,发生的融资费用应计入工程项目的期间费用。具体操作方法是：挂靠人与被挂靠方签订借款协议，协议中应约定借款利息，借款利息不能超过银行同期贷款利率，挂靠人凭借款协议和身份证到当地国税局代开增值税普通发票，进行项目成本核算。

 ## 管控策略二：自然人挂靠方与被挂靠方签订建筑施工承包经营合同的实操要点

1. 被挂靠方与自然人挂靠方签订承包经营合同

合同中约定以下重要条款：

（1）在"材料供应"条款中约定：建筑工程所需要的所有材料、动力全部由自然人挂靠方以被挂靠方的名义采购。

（2）在"承包方式"条款中约定：自然人挂靠方以被挂靠方的名义对外经营，并以被挂靠方承担相关法律责任。

（3）在"经营所得"条款中约定：自然人挂靠方向被挂靠方上交一定的管理费用，经营所得归自然人挂靠方所有。

2. 经营所得的个人所得税的处理

根据国税发〔1994〕179号第一条第二款的规定，企业实行个人承包经营、承租经营后，承包、承租人按合同（协议）的规定只向发包、出租方交纳一定费用，企业经营成果归其所有的，承包、承租人取得的所得，按对企事业单位的承包经营、承租经营所得计算缴纳个人所得税。根据《建筑安装业个人所得税征收管理暂行办法》（国税发〔1996〕127号）第三条的规定，承包建筑安装业各项工程作业的承包人取得的所得，应区别不同情况计征个人所得税：经营成果归承包人个人所有的所得，或按照承包合同（协议）规定，将一部分经营成果留归承包人个人的所得，按对企事业单位的承包经营、承租经营所得项目征税。

对实行承包、承租经营的纳税人，虽原则上要求其应以每一纳税年度取得的承包、承租经营所得计算纳税，但纳税人的承包、承租期在一个纳税年度内经营不足12个月的，以其实际承包、承租经营的期限作为一个纳税年度计算纳税。

如果建筑企业与挂靠人签订承包协议约定：挂靠人以建筑企业的名义对外经营，建筑企业对外承担民事法律责任，挂靠人按照实际工程结算总价

（不含增值税）的一定比例向建筑企业上交一定的管理费用（实质上是税后利润），扣除运用成本和所有的税费后的承包经营所得挂靠人所有，则挂靠人获得的承包"经营所得"，必须按照"经营所得"进行个人所得税处理。具体处理如下：

（1）"经营所得"的个税实施自行纳税申报而不是代扣代缴的制度。

2018年8月31日通过的《中华人民共和国个人所得税法》（中华人民共和国主席令第9号）第九条规定，**个人所得税以所得人为纳税人，以支付所得的单位或者个人为扣缴义务人**。《个人所得税扣缴申报管理办法（试行）》（国家税务总局公告2018年第61号）第四条规定，**实行个人所得税全员全额扣缴申报的应税所得包括：（一）工资、薪金所得；（二）劳务报酬所得；（三）稿酬所得；（四）特许权使用费所得；（五）利息、股息、红利所得；（六）财产租赁所得；（七）财产转让所得；（八）偶然所得**。基于以上税法规定，个体工商户业主、个人独资企业投资者、合伙企业个人合伙人、承包承租经营者个人以及其他从事生产、经营活动的个人取得经营所得，**不属于"个税代扣代缴"的范围，必须由取得"经营所得"的个人自行进行纳税申报**。

（2）"经营所得"的个税自行纳税申报方法：按年计算个税，按月或季预缴个税，次年3月31日前汇算清缴（查账征收个税的情况下），核定应税所得率征收个税的"经营所得"不需要汇算清缴。

第一，实施查账征收个税的"经营所得"适用的个税税率。

根据《中华人民共和国个人所得税法》第二条、第三条和第六条的规定，**实施查账征的自然人、个体工商户、个人独资企业、个人合伙人取得的"经营所得"，以每一纳税年度的收入总额减除成本、费用以及损失后的余额，为应纳税所得额，应当适用百分之五至百分之三十五的超额累进税率**（见表13-3）**缴纳个人所得税**。在按月或按季预缴税时，适用的税率表如表13-3所示。

表13-3 个人所得税税率表二（经营所得适用）

级数	全年应纳税所得额	税率（%）
1	不超过30000元的	5
2	超过30000元至90000元的部分	10
3	超过90000元至300000元的部分	20

续表

级数	全年应纳税所得额	税率（%）
4	超过 300000 元至 500000 元的部分	30
5	超过 500000 元的部分	35

注：本表所称全年应纳税所得额是指依照《中华人民共和国个人所得税法》（中华人民共和国主席令第 9 号）第六条的规定，以每一纳税年度的收入总额减除成本、费用以及损失后的余额。

表 13-4 个人所得税税率表二（经营所得）

级数	全年应纳税所得额	税率（%）	速算扣除数
1	不超过 30000 元的	5%	0
2	超过 30000 元至 90000 元的部分	10%	1500
3	超过 90000 元至 300000 元的部分	20%	10500
4	超过 300000 元至 500000 元的部分	30%	40500
5	超过 500000 元的部分	35%	65500

注：本表所称全年应纳税所得额是指依照《中华人民共和国个人所得税法》（中华人民共和国主席令第 9 号）第六条的规定，以每一纳税年度的收入总额减除成本、费用以及损失后的余额。

第二，核定征收个税的"经营所得"适用的税率。

《中华人民共和国个人所得税法实施条例》（中华人民共和国国务院令第 707 号）第十五条第三款规定："从事生产、经营活动，未提供完整、准确的纳税资料，不能正确计算应纳税所得额的，由主管税务机关核定应纳税所得额或者应纳税额。"基于此税法规定，为了助力民营经济的发展，减少税务征管成本，全国各省税务机关，根据实际情况，都制定了本省的"经营所得核定征收个人所得税"的税收政策。

某项目经理内部承包建筑公司建筑服务的个税处理

（一）案情介绍

（1）张某 2019 年挂靠红运建筑公司承接建筑劳务，张某与红运建筑公司签订内部承包协议，承包期限 2 年，协议约定：张某以红运建筑公司的名义对外经营，红运建筑公司对外承担民事法律责任，张某向红运建筑公司上交一定的管理费用，经营所得归张某所有，假设张某 2019 年末从建筑公司取得的承包经营所得 1000 万元。张某选择按季度预缴申报个税，当地税务部门对承包者实施核定应税所得率征收个人所得税。按照以下应税所得率中的税率计算应纳税所得额。

表 13-5 应税所得率

序号	类别	应税所得率（%）
1	交通运输业	10
2	采矿业、制造业	10
3	批发和零售业	10
4	建筑业	10
5	房地产业	18
6	住宿业	10
7	餐饮业	7
8	娱乐业	30
9	法律服务业	10
10	其他行业	15

应纳税额计算公式：

应纳税所得额=应税收入×应税所得率，或者

应纳税所得额=成本费用支出额/（1-应税所得率)×应税所得率

应纳税额=应纳税所得额×经营所得5级累进税率

上式所称的应税收入是每一纳税年度的收入总额，成本费用支出额是每一纳税年度的成本费用支出总额。

（2）张某每月自行支付税优商业健康保险费300元；每月自行缴纳的"三险一金"3000元（其中，基本养老保险1000元，基本医疗保险700元，失业保险300元，住房公积金1000元）。

（3）张某有两个子女，都在上小学，已与妻子约定由张某按子女教育专项附加扣除标准的100%扣除。

（4）张某使用商业银行个人住房贷款购买了首套住房，现处于偿还贷款期间，每月需支付贷款利息1600元，已与妻子约定由张某一方进行住房贷款利息专项附加扣除。

（5）因张某工作单位离所购住房很远，在工程项目所在地附近租住了一套房屋，每月租金1000元。

（6）张某的父母均已退休（已满60岁，均有退休金）在家，张某与兄

妹签订书面分摊协议，约定由张某分摊赡养老人专项附加扣除800元。

（7）首套住房贷款利息和房租租金扣除中，张某选择了首套住房贷款利息的扣除。

请计算张某全年和第四季度应缴纳的个人所得税。

（二）税法依据

（1）《建筑安装业个人所得税征收管理暂行办法》（国税发〔1996〕127号）第三条规定：承包建筑安装业各项工程作业的承包人取得的所得，应区别不同情况计征个人所得税：经营成果归承包人个人所有的所得，或按照承包合同（协议）规定，将一部分经营成果留归承包人个人的所得，按对企事业单位的承包经营、承租经营所得项目征税；以其他分配方式取得的所得，按工资、薪金所得项目征税。

（2）《中华人民共和国个人所得税法实施条例》（中华人民共和国国务院令第707号）第十五条第二款规定："取得经营所得的个人，没有综合所得的，计算其每一纳税年度的应纳税所得额时，应当减除费用6万元、专项扣除、专项附加扣除以及依法确定的其他扣除。专项附加扣除在办理汇算清缴时减除。"

（3）根据《国家税务总局关于修订个人所得税申报表的公告》（国家税务总局公告2019年第7号）关于《个人所得税经营所得纳税申报表（A表）》填表说明的规定，实施核定定额征收和核定应税所得率征收的个体工商户业主、个人独资企业投资者、合伙企业个人合伙人、承包承租经营者个人以及其他从事生产、经营活动的个人，在计算每一纳税年度的应纳税所得额时，不可以减除费用6万元、专项扣除、专项附加扣除以及依法确定的其他扣除。

（三）张某个税计算、个税预缴和汇算清缴和申报表填写

1. 张某按季预缴申报个人所得税及纳税申报表的填写

第一步，2019年第四季度预缴个税应纳税额的计算（核定征收个税的经营所得不可以减除费用6万元、专项扣除、专项附加扣除以及依法确定的其他扣除，同时不进行个税的汇算清缴）。

应纳税所得额＝应税收入×应税所得率＝10000000×10%＝1000000（元）

第二步，张某第四季度应纳个税的计算，根据应纳税所得额，按照个人所得税税率表二（经营所得）中的5级累进税率计算个税。

表13-6　个人所得税税率表二（经营所得）

级数	全年应纳税所得额	税率（%）	速算扣除数
1	不超过30000元的	5	0
2	超过30000元至90000元的部分	10	1500
3	超过90000元至300000元的部分	20	10500
4	超过300000元至500000元的部分	30	40500
5	超过500000元的部分	35	65500

张某应纳个人所得税额＝1000000×35%－65500＝284500（元）

第三步，季度申报表的填写：第四季度后的15日之内填写个人所得税经营所得纳税申报表（A表），填写后的季度申报表如表13-7所示。

表13-7　个人所得税经营所得纳税申报表（A表）

税款所属期：2019年1月1日至2019年12月31日

纳税人姓名：张某

纳税人识别号（身份证号码）：　　　　　　　　　　金额单位：　　人民币元（列至角分）

被投资单位信息	名称	红运建筑公司	纳税人识别号（统一社会信用代码）	红运建筑公司纳税识别号
征收方式	□查账征收（据实预缴） √核定应税所得率征收 □税务机关认可的其他方式_____		□查账征收（按上年应纳税所得额预缴） 核定应纳税所得额征收	

项目	行次	金额/比例
一、收入总额	1	10000000
二、成本费用	2	
三、利润总额（3＝1-2）	3	
四、弥补以前年度亏损	4	
五、应税所得率（%）	5	10
六、合伙企业个人合伙人分配比例（%）	6	
七、允许扣除的个人费用及其他扣除（7＝8+9+14）	7	
（一）投资者减除费用	8	
（二）专项扣除（9＝10+11+12+13）	9	
1. 基本养老保险费	10	

续表

项目	行次	金额/比例
2. 基本医疗保险费	11	
3. 失业保险费	12	
4. 住房公积金	13	
(三)依法确定的其他扣除（14=15+16+17）	14	
1. 商业健康保险费	15	
2.	16	
3.	17	
八、应纳税所得额	18	1000000
九、税率（%）	19	35
十、速算扣除数	20	65500
十一、应纳税额（21=18×19-20）	21	284500
十二、减免税额（附报《个人所得税减免税事项报告表》）	22	
十三、已缴税额	23	
十四、应补/退税额（24=21-22-23）	24	

谨声明：本表是根据国家税收法律法规及相关规定填报的，是真实的、可靠的、完整的。

纳税人签字：张某

2019 年 12 月 31 日

经办人：

经办人身份证件号码：

代理机构签章：

代理机构统一社会信用代码：

受理人：

受理税务机关（章）：

受理日期： 年 月 日

特别提醒

第一，由于选择应税所得率核定征收个人所得税，因此，张某不存在个税的汇算清缴。

第二，由于企业承包经营所得是承包者从企业税后利润中分配的所得的一部分，承包者上交的管理费用实质是企业税后利润的一部分。即承包者个人上交管理费用，承包所得归承包者所有的法律实质是承包者和发包方共同分配企业税后利润。因此，承包者在工程施工所在地按照"经营所得"依法缴纳个人所得税后，提供个人完税凭证给发包方后，发包方就可以将承包经营所得从公司账上转入承包者本人的银行卡。

第三，承包者本人获得的承包经营所得是发包方税后利润的一部分，不构成增值税的纳税范围，不需要到税务部门代开发票给发包方进行成本处理。

第四，承包者上交给发包方的管理费用，实质上也是税后利润的一部分，没有构成增值税纳税的范围，发包方不缴纳增值税。

第五，发包方将承包经营所得支付给承包者时的会计处理如下：

借：利润分配——未分配承包经营所得

　　贷：应付承包经营所得——承包者

借：应付承包经营所得——承包者

　　贷：银行存款

记账凭证后附上承包者缴纳个人所得税的完税凭证和发包方与承包者签订的承包经营合同。

2. 经营所得的增值税处理

财税〔2016〕36号附件1：《营业税改征增值税试点实施办法》第二条规定，单位以承包、承租、挂靠方式经营的，承包人、承租人、挂靠人（以下统称承包人）以发包人、出租人、被挂靠人（以下统称发包人）名义对外经营并由发包人承担相关法律责任的，以该发包人为纳税人。否则，以承包人为纳税人。基于此规定，被挂靠方与自然人挂靠方签订劳务内部承包协议的情况下，经营所得的增值税纳税义务人为总被挂靠方。